意識/無意識のサイエンス

―― 症例と実験による心の解剖 ――

本田仁視――著

福村出版

まえがき

この世には、私たちにはどうしても理解できない謎がたくさんある。たとえば、宇宙の果てはどのようになっているのだろうか。生命はどのようにして誕生したのだろうか。このような疑問に対して、専門家はそれなりの答えを示してくれるのだが、素人の私たちには依然として謎のままである。

本書でとりあげる意識／無意識も、そのような謎のひとつに思われる。意識／無意識にまつわる謎はたくさんある。私たちはなぜ意識をもつことができたのだろうか。意識している世界と現実の世界は同じなのだろうか。無意識的な心の世界は本当に存在するのだろうか……などなど。

これらの疑問を解明することは、おそらく二一世紀の科学の最大の課題となるはずである。すでに、多くの脳科学者や心理学者、哲学者たちが、この問題の解明に向けて、動き出している。しかし、当然ながら、意識とは何か（そして無意識とは何か）を明らかにするまでには至っていない。このため、現代科学の研究戦略を根本的に変更する必要性さえ説かれている。

そのような難解な問題であるから、現在の時点で読者に提示できることは、きわめて限られてくる。そこで著者は、この難問に直接答えるのではなく、意識現象の解明につながると思われる実証的知見、とりわけ無意識的な心の働きに関するさまざまな知見を例示しながら、意識とは何かについて考えていくことにした。

本書の前半（1章〜7章）では、まず意識とは何かを考えるうえで欠かすことのできないいくつかの症例研究を紹介する。そこでは、一般の人々にはすぐには信じがたい多数の不思議な病状について述べられる。それらの分析を通して、私たちの意識された世界は、ときとして脳が作り出した虚構にすぎないこと、意識された世界は心の営みのほんの一部でしかないこと、そして私たちの行動の大部分は無意識的な心の過程によって支えられていることなどが明らかにされる。さらに本書の後半（8章〜10章）では、無意識的な心の過程の存在を実験によって解明しようとしたさまざまな研究を紹介する。

このように、本書でとりあげたテーマは、脳損傷患者などを対象とした神経心理学的知見と、健常者を対象とした認知心理学的知見にもとづいている。現在の意識研究は、神経生理学を中心とする脳科学においてもっとも盛んである。そこで、それらの研究で示された知見も必要に応じて紹介しながら、できるだけ総合的に考察するように努めた。

実際のところ、意識の解明はひとつの学問分野では達成できない課題であるように思われる。著者は実験（認知）心理学を専門にしているが、この学問は意識の現象的側面を明らかにすることは得意であるが、それ以上の貢献はなかなか難しい。一方、脳損傷患者を研究の対象とする神経心理学は、専門外の人々にはなかなか知ることができない貴重なデータを提供してくれる。しかし、検査法の開発やモデルづくりにおいては、認知心理学などの知見が重要になる。神経生理学を中心とする脳科学は、意識現象を支える脳のしくみを解明する強力な武器をもっている。おそらくこの学問分野をぬきにしては、意識の解明は不可能だろう。しかし、ある心理現象に対応する神経細胞の活動を見つけ出しても、それだけでは意識とは何かを説明したことにはならない。

意識とは何かを誰もが納得できるように説明するには、どのような方法が有効なのだろうか。今のところ、誰もその答えを知らない。しかし、もしその答えを追求しようとするなら、少なくとも、それぞれの研究分野に従事するものがベストをつくして問題にとりくむと同時に、他の研究分野の成果を正しく評価して学びあう姿勢が必要とされるのだろう。そのような姿勢が、本書のベースとなっている。いずれにせよ、意識の解明（そして無意識の科学的解明）は始まったばかりであり、それゆえ意識研究は、夢のある知的冒険であることは間違いない。

ところで読者の多くは、無意識という言葉からフロイトやユングといった人たちの名前を思い浮かべるにちがいない。これらの研究者は、人には自覚できない心的過程が存在し、それが個人の行動や考え方に大きな影響を及ぼしていると考えた。彼らの学問は精神分析学とよばれ、長い間、無意識に関する唯一の学問とみなされてきた。また今日においても、とくに臨床心理学や精神医学の一部、文学作品の解釈や文化論などにおいて、少なからず力をもっている。

本書のテーマも無意識の解明にある。しかし、精神分析学とは明確に異なる立場をとる。よく知られているように、精神分析学においては、たとえば神経症患者の特異な行動を説明するために、力動的な心の装置として無意識的な心の働きを想定する。しかし、それは一般的な意味での科学的な証拠にもとづいたものではなく、それゆえ科学的に肯定することも否定することもできない概念である。

これに対して本書では、実験研究や症例研究などの実証的な知見（検証可能な事実）にもとづいて、脳という心の器官の具体的な構造や機能と関連づけながら、無意識的な心の諸相とそのしくみを明らかにすることを試みる。本書のタイトルを『意識／無意識のサイエンス』とした理由はこの点にある。

本書の執筆にあたっては、国内外の優れた研究論文や解説書を参考にさせていただいた。また、学会や研究会などで直接教えていただいたことも多数含まれている。著者の力不足で、誤った解釈などをしているかもしれない。素直に読者諸氏のご教示、ご叱正を仰ぎたい。

最後に福村出版編集部の方々には、本書の出版を快諾していただいただけでなく、内容や構成について適切な助言をいただくなど大変お世話になった。厚く御礼申し上げたい。

二〇〇〇年七月

本田 仁視

目次

意識／無意識のサイエンス

――症例と実験による心の解剖

1章　失われた身体の叫び

幻　肢

◇◇◇ 幻肢とは何か

手術などで腕や脚を切断された患者が、すでにそれを失っているにもかかわらず、いまだにそれが存在するかのように感じたり、ないはずの手足に痛みを訴えることがある。このような症状は古く一六世紀にパレ(Pare, A.)によって報告されており[1]、ファントム・リム(phantom limb)、すなわち幻肢(あるいは幻影肢)とよばれている。

幻肢は腕や脚を失った患者でかなり一般的に生じ、長期間にわたってつづく。場合によっては数年間つづく。患者は失ったはずの腕や脚の大きさや長さ、重さや位置、運動などを感じる。さらには意図的に動かすことができたとさえ感じることがある。このような幻肢は実際に四肢を失った場合だけでなく、四肢から脳に至る感覚神経路が何らかの理由で切断された患者でも生じる。

神経学者ウィア・ミッチェル（Mitchell, S.W.）は、南北戦争で負傷した兵士に見られた幻肢について報告している。片手を切断されたその兵士は、病院で知らないうちに両足も切断された。「あるとき、左足が急に痙攣を起こしたので彼は片腕でさすろうとしたが、力が入らなかったので付き添い人に『ちょっと左のふくらはぎをさすってくれないか』と頼んだ。すると『ふくらはぎだって？　両足とも切られてもうないよ』という返事が返ってきた[2]」。

幻肢の現れ方は患者によってさまざまであり、また時間とともに変化する。本物の手足と同じ位置にあって、本物の手足と同じように動いているように感じられることもある。このため患者は、足がなくなっているのを忘れて歩き出して、転倒することがある。一方、奇妙に萎縮した形だったり、異常な方向に曲がっていたり、重く感じられることも多い。「ある男性は幻の腕が肩からまっすぐ伸びているように感じたために、ドアを通りぬけるたびに壁にぶつからないように、横向きに姿勢を変えていた。また別の男性は、幻の腕が後ろに曲がっているように感じ、仰向けに寝ると幻影肢が邪魔になるので、うつ伏せか横向きの姿勢でしか眠らなかった[2]」。

幻肢が消失していく過程にも特徴がある。まず身体の切断面に近い部位がその生々しさを失い、次に末梢部（上腕や下腿）がつづき、そして関節、手のひら、足の裏、最後に指が消えていく[3]。このように幻肢はしだいに短くなるように感じられ、あまりはっきりしなくなり、切断された部位に吸収されていく（図1）。一度消失した幻肢が、切断面への刺激などによって再現することもある。

先天性四肢欠損児にみられた幻肢

生まれつき四肢が欠損した子どもや、生後間もない時期に四肢を失った子どもにおいても、幻肢は生じるのだろうか。この問いに対する答えは長い間否定的であった。しかし、その後この見解は訂正され、先天性の四肢欠損児も幻肢を体験しているとする研究が報告されるようになった。

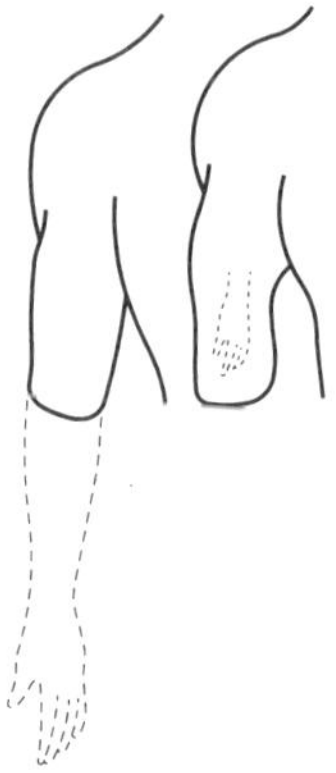

図1　幻肢の消失過程
(Katz, 1950)[4]

ある研究者は一歳の少女の症例について次のように報告している。

「この子どもは先天性の四肢奇形児（peromelia）として生まれ、両腕のひじから先、上腕と手の部分が欠けていた。義肢は用いていない。六歳のときに初めて幻肢を体験した。腕の末端部の約一五センチメートル下の位置に、完全に正常な手がついているように感じられた。

さらにこの少女は自由に指を動かせるように感じた。学校に入学した年、彼女は簡単な計算を解くのに、他の生徒がするのと同じように、指を数えて答えを出すことができた。その際、彼女は幻の手を机の上に置き、指を広げてそれらをひとつひとつ数えた[5]」。

「彼女が腕の残された部分で壁に触れようとすると、その幻の手は消え去ることなく、腕の末端部の中に吸い込まれた。腕の末端部が壁に触れた途端に、その幻の手は消滅した（これは成人の幻肢でも一般に見られる現象である）。……検査者が腕の末端部に触れたときも同様に幻の手は消えた。しかし、子どもが幻の手の指で検査者の手をつかむと、暖かさや柔らかさを感じることができた」[5]。

◇◇◇幻肢痛

幻肢は単なる実在感だけでなく、いろいろな感覚をともなう。その感覚の内容は患者によって異なる。何ら特別な感覚を体験しない患者もいるが、多くの場合、暖かさや冷たさ、くすぐったさ、かゆみ、しびれ、硬さ、うごめき、伸縮、膨張、重み、痛みなどをともなう。そのなかでもとくに患者を苦しめるのは痛みである。

幻肢がたびたび痛みをともなうことはよく知られている。痛みを体験する患者の割合については、研究者によって多少の違いがある。四肢の切断手術を受けた患者の七〇％が、失われた手足にひどい痛みを感じたとする知見もあるが[2]、それ以上の数値をあげる人もいる。いずれにせよ、多くの患者が幻肢痛に苦しめられていることは事実なので、その痛みをどう軽減するかが医療場面での大きな課題となっている。

多くの症例報告が、幻肢痛で苦しむ患者の様子を記載している。次に紹介するのは、骨肉腫のため

左大腿の下三分の一を手術で切断された三二歳の男性患者についての長沼らによる記載である。(3)

「術後四日間は切断部の痛み（うずき）に苦しんだが、それは四日目の夜には消失した。しかし六日目ごろより伸びきった姿勢での左下肢の幻肢が出現し、その中に『水が流れて寒いような、霧吹きで吹きかけられて冷たいような』といった幻影感覚（パレステジー）とともに、『拇趾（親指）が太さ二㎝位のロープで締めつけられる。一〇〇Vの電気を流される。ジャンジャンビリビリとろ火で焼かれる。第二、三、四、五趾がペンチではさまれたような。それは涙がぽろぽろ出るほどの痛みだ』といった奇妙で独特な形容で言われるような幻影肢痛の出現をみるようになった。それは夜間静かになるとますます増強し、そのために苦悶、焦燥、不眠が著しく、患者は痛みをまぎらわすために、廊下を松葉杖の助けをかりて徘徊した」。

◇◇◇類似現象

腕や脚を失った場合に限らず、その他の身体部位を喪失した場合にも、幻肢と同じような症状が生じることが知られている。たとえば顔の一部を失ったり、女性が乳房を失ったり、男性が睾丸を切除された場合などに見られる。ただしこれらの場合、失われた身体部位がいまだに実在するかのように感じる患者の割合は、四肢を失った場合と比べてかなり低い。

ワインシュタイン（Weinstein, J.）らは手術で左右いずれかの乳房を失った二〇三人の女性を対象とする調査報告をおこなっている(6)。患者のほとんどは腫瘍を取り除くために乳房の切除手術（mastectomy）を受けた人たちだった。ワインシュタインらによれば、これらの患者の三三・五％が、ないはずの乳房があるように感じた。この割合は、四肢を失った患者が幻肢を体験する割合（その数値は研究者によるが、約七〇％以上とされる）に比べれば低い。

幻影は乳房全体であることが多かったが（約五〇％）、乳首のみ（約三五％）、乳首をのぞく部分の幻影を体験した患者（約二〇％）もいた。幻影が生じる頻度はさまざまで、常に体験している者から一カ月に一回未満の者もいた。その持続時間も、数秒間から一時間以上までの幅があった。幻影の体験のされ方は、ごく自然な感じや、熱さ、くすぐったさを感じる者が多く、痛みを感じる者は少なかった。動きを感じる者や、術前よりも大きな乳房に感じられる者もごく少数いた。

◇◇◇ 幻肢はなぜ生じるのか

幻肢がなぜ生じるかはわかっていない。しかし、現在のところ二つの説明が考えられる。

そのひとつは末梢説ともいうべき説明であり、手足の切断面に残った神経がたとえば神経腫といったものに変性し、それが何らかの原因で刺激を脳に送りつづけるために幻肢が生じるというものである。

もうひとつの説明は、その原因を脳の働きに求めるものである。それによれば、脳には自己の身体の輪郭を意識させる働きが備わっている。このため、何らかの原因で手足を失った後も、脳にこのような働きが残っている限り、人は幻肢を体験する。

現在のところ一般に受け入れられているのは後者の説明である。その理由は主に次の二つである。第一に、末梢説によれば、もし手足の切断面から脳に連絡する神経を切断すれば、幻肢は体験されないはずである。しかし、幻肢は残る。

第二に、すでに述べたように、先天的に四肢が欠損した状態で生まれた子どもでも幻肢が現れることがあげられる。このような子どもの場合、手足を切断されたわけではないので、手足の末端部に神経腫のようなものができたとは考えられない。さらにこの知見は重要な意味を含んでいる。なぜなら、生まれたときから手足がなかった子どもが、ないはずの手足の実在感をもつということは、幻肢をもたらす原因が、経験によるのでなく、生得的に備わっていたことを示しているからである。つまり、私たちの脳は、自分の身体の輪郭についての知識を、生まれる前からもっていたことを示しているのである。この考えに従えば、幻肢を体験するのは、患者の脳が失われた手足を思い出しているためではない。手足の感覚や動きを実際に体験しなくても、脳は手足のイメージを保持していて、そのために幻肢が出現するのである。

その論議はともかく、幻肢がもっぱら脳の働きによって作り出されたものであることは疑いないように思われる。それでは、脳のどの部位が、どのようなしくみで幻肢を生み出しているのだろうか。

この点になるとよくわかっていない。ここでは最近注目されている二つの理論について紹介する。

メルザックの神経マトリックス理論

メルザック（Melzack, R.）は、幻肢が生じる原因を神経マトリックス（neural matrix）という考え方で説明している。[2] この理論によれば、幻肢は脳内の比較的広範な部位に広がる神経細胞のネットワーク内で起こる断続的な興奮過程によって生じる。このような神経ネットワークを、メルザックは神経マトリックスとよんでいる。

彼によれば、神経マトリックスは少なくとも三つの主要な神経回路を含む。その一つは視床を通って大脳皮質の体性感覚野へ至る経路（これは四肢からの触覚や痛覚などの身体感覚を脳に伝える経路である）、二つめは脳幹網様体を通って辺縁系とよばれる部位に至る経路（この神経経路の働きによって患者は、幻肢に痛みや疲労感などを感じる）、そして三つめは大脳の頭頂葉を含む回路（この回路は幻肢が自分の手足であることを本人に認識させる。頭頂葉損傷の患者はたびたび身体の無視症状を示すことが知られている〔4章参照〕）である（図2）。

神経マトリックスは、実際の感覚入力がないときでも自発的に、特徴的な神経インパルスのパターンを生み出し、その結果患者は幻肢を体験する。さらに、神経マトリックスは後天的な経験によって形成されるのではなく、おそらくは先天的な遺伝子によって決定されていると考えられる。なぜなら、先天的な四肢欠損児でも幻肢を体験することが報告されているからである。

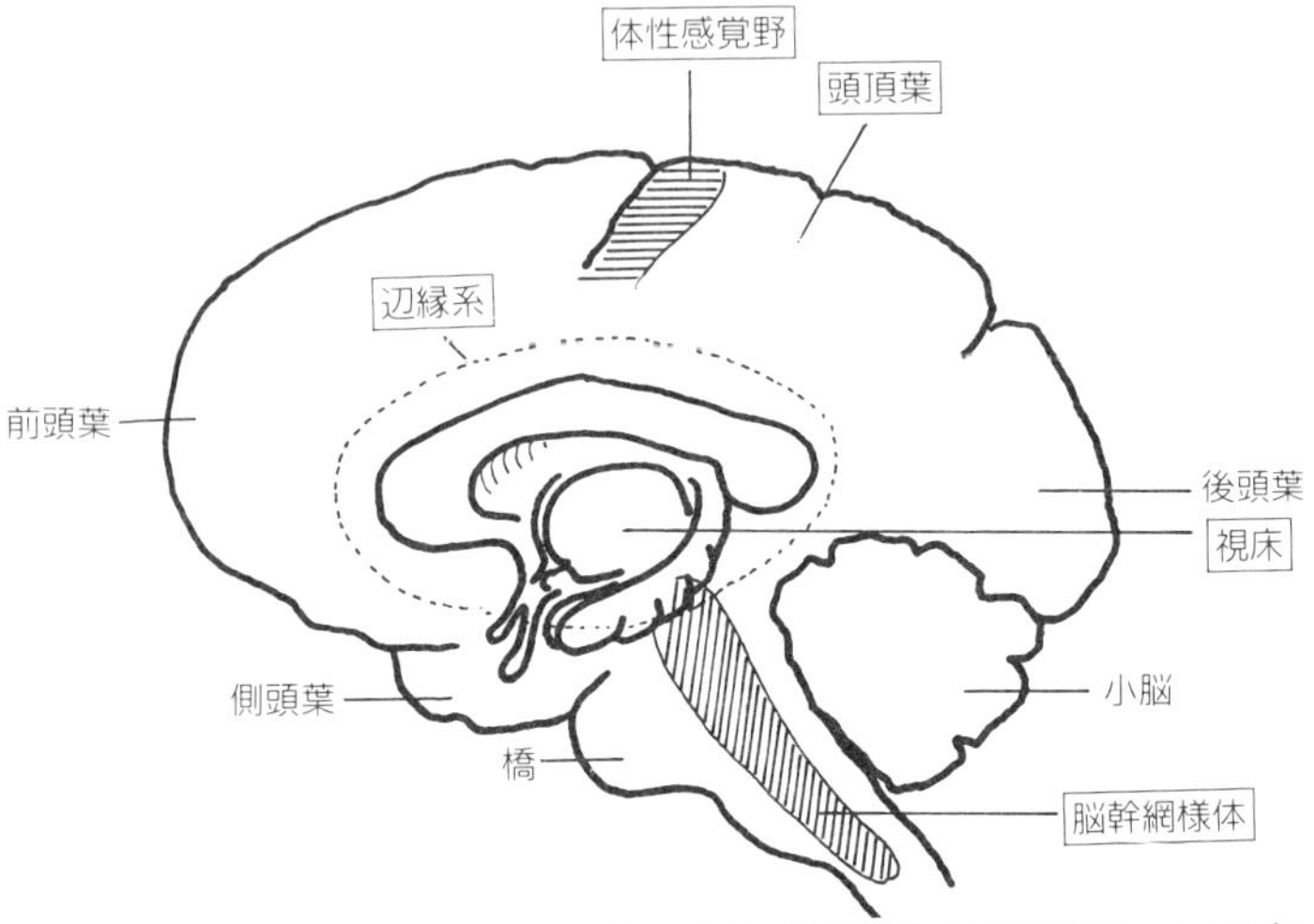

図2　幻肢の生成にかかわると考えられる脳部位（本文参照）。図の左側が脳の前方を示す。主要ないくつかの脳部位の名称も記した

ラマチャンドランの再構成理論

知覚心理学者のラマチャンドラン（Ramachandran, V.S.）は、幻肢は体性感覚野における神経結合の大規模な再編成によって生じるとする理論を提案している[7]。

この理論の基礎となったのは、指や手足の切除にともなう脳の感覚細胞の変化を調べた動物実験であった。大脳皮質の体性感覚野にある細胞は、身体に加えられた物理刺激に反応する。身体各部と各細胞の対応関係は比較的はっきりしていて、ある細胞は手の親指への刺激に対して反応し、別の細胞は人さし指に加えられた刺激に反応する（図3）。そこで、たとえば中指が切除された場合、体性感覚野の細胞はどのような反応を示すことになるだろうか。常識的に考えれば、それまで中指に反応していた細胞は、いわば皮膚上の受容野を失ったことになるので、もはや身体への刺激に反

応することはないと予想される。[8] サルを使った実験によれば手術直後はたしかにそのとおりであった。ところが手術後時間が経過するにつれて不思議な現象が観察された。それまで中指への刺激に反応していた細胞が、隣接する人さし指や薬指に対する刺激に反応するようになったのである。いいかえれば、体性感覚野において、これまで中指に反応する細胞が占めていた領域が狭くなり、逆にその分だけ、人さし指や薬指に反応する細胞が占めていた領域が拡大してきたのである（図4）[10]。

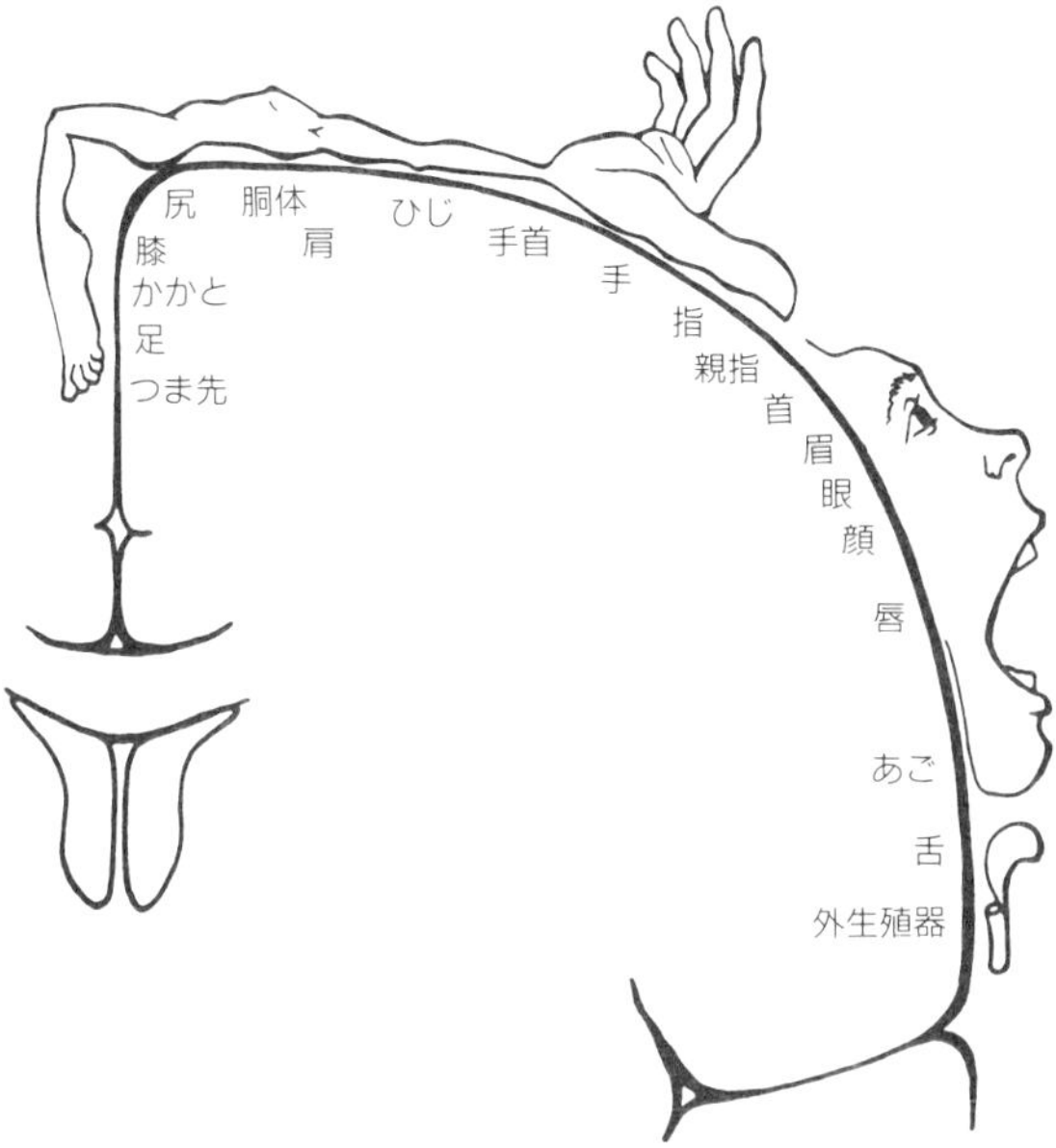

図3　体性感覚野における身体各部の対応位置
(Gazzaniga *et al.*, 1979) [9]

ラマチャンドランは、このような神経生理学的現象こそ、幻肢が生じる原因であると考えた。すなわち、腕や脚を切断されると、その部位を担当していた体性感覚野の細胞は、別の身体部位に与えられた刺激に反応するようになる。たとえば腕を切断された場合、本来は手指に受容野をもっていた細胞は、腕の切断面に近い部位に対する刺激に反応するようになる。このため、たまたま腕の切断面付近に刺激が加わると、それらの細胞は活性化するが、脳はその刺激が実際に刺激され

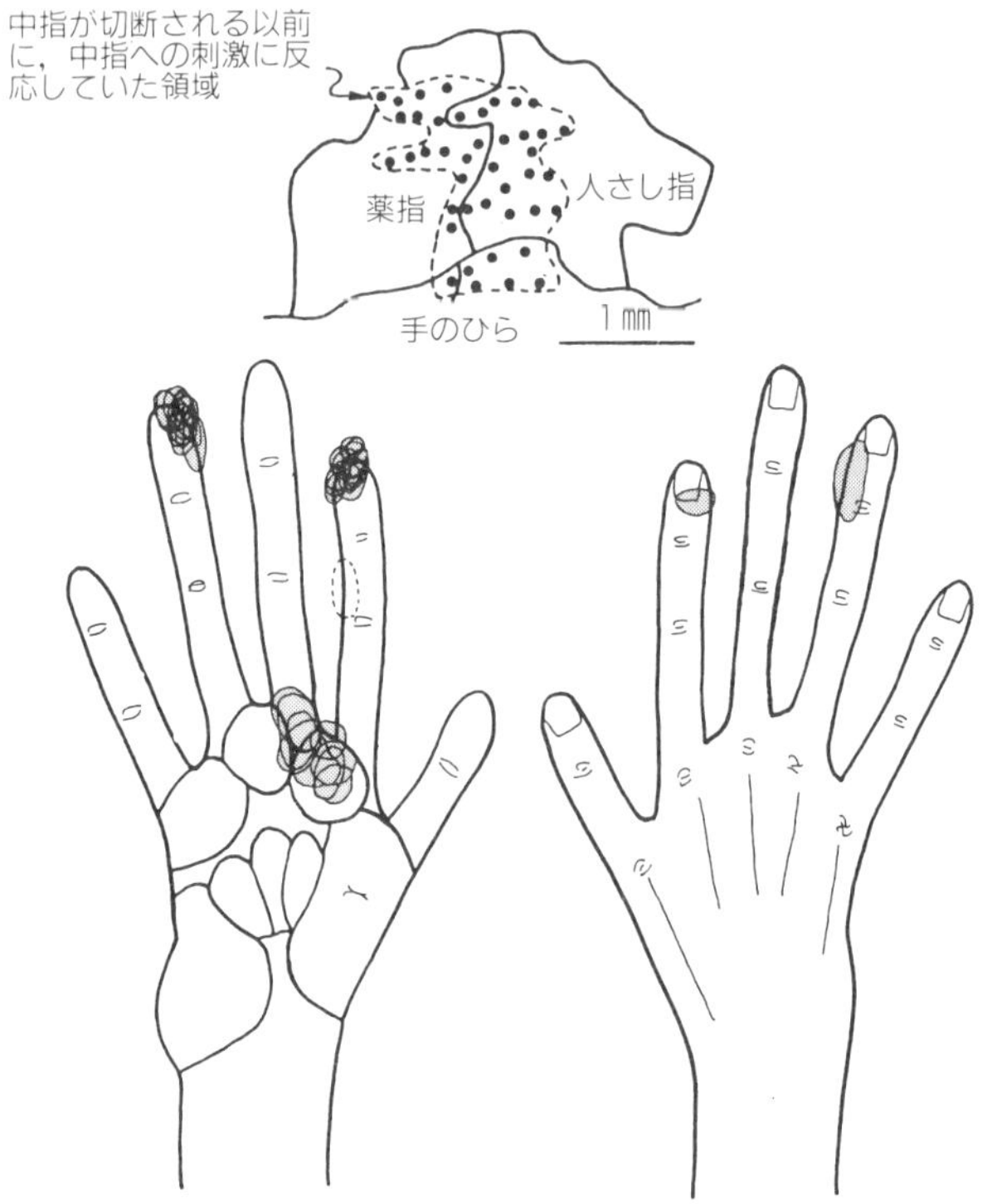

図4　指の切断によって生じた体性感覚野の再編成
上：サルの手指への触刺激に反応する体性感覚野上の領域。点線で囲まれた部位は，中指を切断する以前に，中指への刺激に反応していた部位を示す。黒い小点は電気反応の測定部位を示す。実線は，中指切断以降に認められた反応部位の区分。以前中指に反応していた領域（点線内）は，人さし指と薬指，および手のひらへの刺激に反応するようになった。
下：細い線で囲まれた部位を刺激することによって，以前中指への刺激によって反応していた皮質領野（上の図の点線内）の神経細胞が反応を示すようになった（Merzenich *et al.*, 1984より改変）⑩

た部位（腕の切断面付近）ではなく、本来の受容野である手指に加わったものであると誤って判断してしまう。このような脳の錯誤によって幻肢が生じると考えられる。

心理的要因

以上のように、幻肢の原因はもっぱら脳の神経生理学的なレベルに求められている。しかし、心理的な要因が関与していることを強調する研究者もいる。たとえば長沼らは、ひどい幻肢痛を訴えたある男性患者の治療過程について報告している。この患者においては、足を失った嘆き、苦しみ、病気の再発への不安、社会復帰の不安、身体障害者となったために愛する人を失うのではないかという不安、拒絶された愛する人への怒りと恨み、足を切断した外科医への攻撃など、患者の心理的状態が幻肢痛をよりいっそう増幅していると考えられた。そこで、孤立無援にある患者の訴えを理解し、十分に支持することを基本とした心理療法を試みたところ、治療開始三カ月後には足の先端に最後まで残っていた痛みも消えたという(3)。

患者が自分の身体の一部を失ってしまったことを心理的に認め難く、完全な人間としての自分を保ちたいとする欲求が幻肢をもたらしているとする研究者もいる。しかし、このような説明がすべての患者にあてはまるとは思われない。心理的要因が幻肢痛の程度といったものに影響する可能性は否定できないが、幻肢をもたらす根本的な原因は、脳の神経生理学的なレベルに求められるべきだろう。

◆◆◆ 幻肢の神経生理学

メルザックとフマチャンドランの仮説は、幻肢の原因となる具体的な脳内の神経機構に関する説明の点では異なるが、いずれも脳の特異な反応によって幻肢が生じるとする点では同じである。現在のところ、幻肢をもたらす脳の詳しいしくみについてはわかっていないが、最近、幻肢現象に関連するいくつかの注目すべき研究が報告されている。

体性感覚野

ポンス（Pons, T.P.）らは、手から脳に至る感覚神経を切断されたサルで、体性感覚野にある神経細胞の反応特性を調べた[11]。切断手術は調査の一二年前におこなわれたので、サルは長期にわたって手からの感覚入力が欠如した状態におかれていたことになる。その結果、手術前は手への刺激に反応していたはずの細胞が、顔への刺激に対して反応するようになっていることを発見した。すなわち、本来手の表面に受容野をもつ細胞が、長い間手からの感覚入力が欠如していたために、顔面に受容野をもつようになったのである。これは大脳の体性感覚野内で、手に反応する細胞と顔面に反応する細胞が、比較的近い位置にあるためと考えられる（図3）。つまり、両者の間での神経結合が生じやすかったのであろう。この考えを支持する現象として、ラマチャンドランは、腕を切断した患者の顔を綿棒で刺激すると、幻肢に刺激を感じることを観察している。

　体性感覚野における神経細胞群の再構成を示した別の研究を紹介する。脳の活動の様子をさぐる研究は近年急速に進歩し、患者の脳を露出することなく脳の活動を記録できるいわゆる非侵襲法とよばれる装置がいくつか実用化されている。そのような方法のひとつに脳磁図法（magnetoencephalography）があり、これは脳の神経細胞の活動にともなって生じる微弱な磁気を検出する方法である。モジルナー（Mogilner, A.）らはこの脳磁図を用いて、先天的に手の指が癒着していた合指《ごうし》症（syndactyly）の患者が指を分離する手術を受けたときに、手術の前と後で、体性感覚野の細胞の働きがどのように変化するかを調べた[12]。すでに述べたように、体性感覚野の細胞は、それぞれが身体の決まった部位に与えられた刺激に選択的に反応する。しかもこれらの細胞は、体性感覚野内で規則正しい配列を示す。たとえば、手の指に反応する細胞は、およそ一・二センチメートルの間隔のなかに、親指に反応する細胞から始まって小指に反応する細胞まで、規則正しい順序で配置されている。ところが先天性合指症の患者では、体性感覚野におけるこれらの細胞の配列に異常がみられた。たとえば、小指と薬指と中指が癒着し、人さし指が欠如していた患者の場合、手術前に測定された脳磁図から、親指、中指および小指に反応する細胞の位置は、体性感覚野内で重なり合っていることが示された（図5、B・D）。ところが指を分離する手術を受けると、これらの細胞間の距離は増大した（図5、C・E）。このように、癒着していた指を切り離すことによって、体性感覚野では神経細胞の再編が生じたのである。

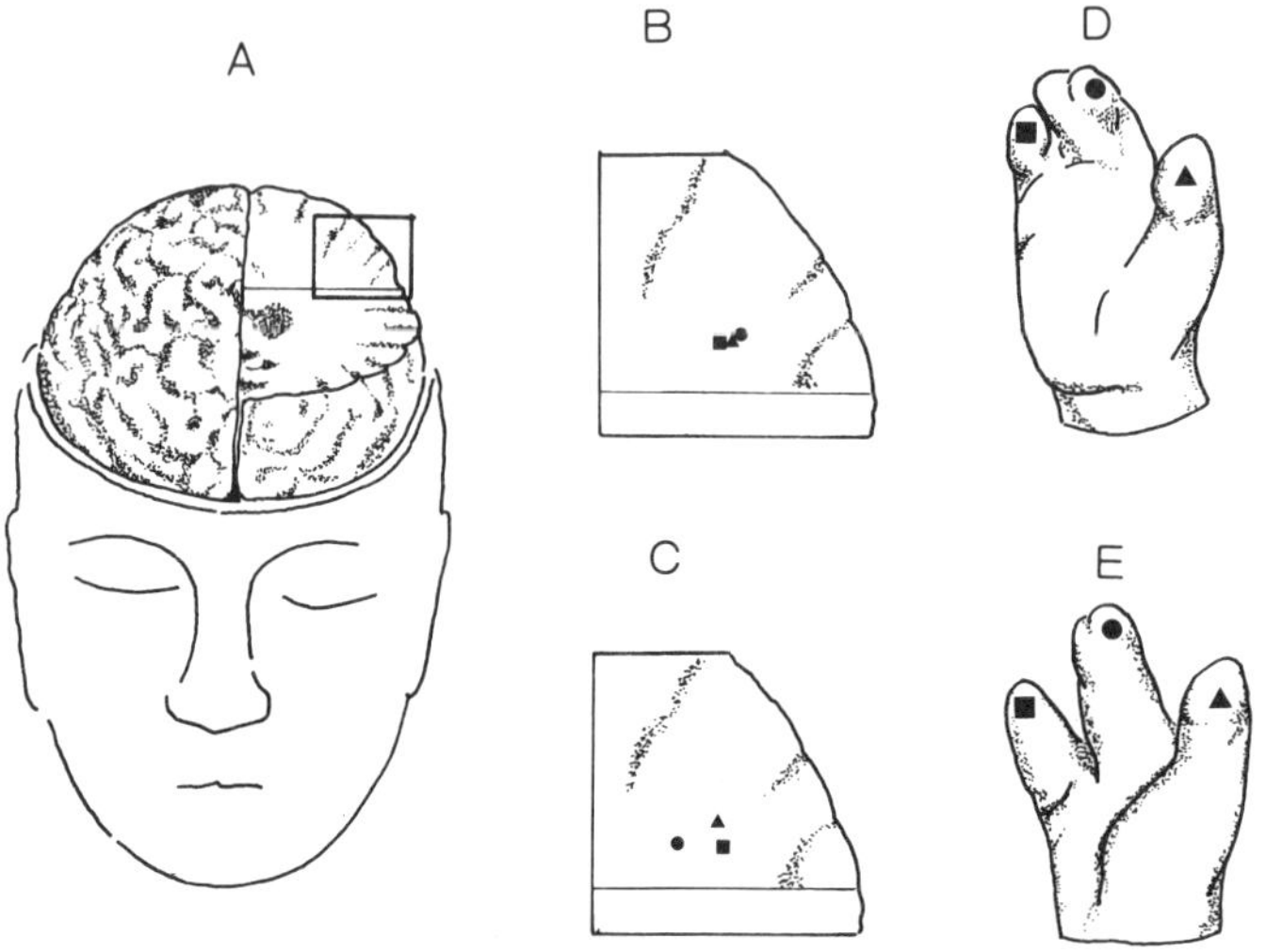

図5　癒着していた指の分離手術による体性感覚野の再編成
A：脳磁図法による測定部位。B〜E：分離手術前の3つの指に刺激を加えたところ(D)，それに対応する脳内の反応部位は重なっていた（B)。しかし，指の分離後に同じ部位を刺激したところ(E)，脳内の反応部位は拡散した(C)（Mogilner *et al.*, 1993より改変）[12]

視床

ところで幻肢にかかわる脳部位は大脳皮質の体性感覚野以外の場所にも存在することが知られている。たとえばウォール（Wall, P.D.）らは、ラットの後ろ足からの皮膚感覚情報を脳に伝える経路を破壊すると、皮質下の視床（thalamus）とよばれる部位にある感覚細胞の反応に劇的な変化が生じ、これまで後ろ足の刺激に反応していた細胞が、前足の刺激に反応するようになることを報告している。[13] つまり、これらの細胞の受容野は、後ろ足の皮膚面から前足の皮膚面に切りかえられたのである。

幻肢をもたらす四肢切断の場合も、視床レベルでの神経活動の変化が生じていると予測される。なぜなら、この場合も感覚情報は遮断されるからである。このように考えると、幻肢の生起には視床レベルの神経活動が深くかかわっている可能性がある。最近デイビス(Davis, K.D.)らは、四肢を切断した患者の脳の視床細胞に電極を挿入し、電気刺激を加えると、患者は失った手足の幻肢を体験することを見出している(14)。この結果は、大脳皮質の体性感覚野だけでなく、視床も幻肢の生起に深くかかわっていることを示唆している。

◇◇◇身体空間と無意識

私たちは目を閉じても、自分の体が空間のどこにあり、どんな姿勢をとっているか、また身体各部の位置関係などがわかる。そのような身体に関する意識は、いわば自分の身体のイメージのようなものであり、古くから身体図式(body schema)ともよばれてきた。身体図式はさまざまな感覚や運動経験を通して獲得されたものと思われる。これまで述べてきた幻肢は、ある意味ではこのような身体図式の障害のひとつと考えることができる。

簡単にいえば、身体図式とは自分が意識的・無意識的に体験する身体空間のことである。身体空間といってもそれは身体の輪郭の内側に限られたものではない。「われわれは闇の中で道を探るとき、杖の先で感じる。自己空間、すなわちわれわれの解剖的身体空間は拡大して、杖と自分が一体であるという感覚となる(15)」。手にもったペン先に加わる圧力を実際に感じ取っているのはペンをもつ指先な

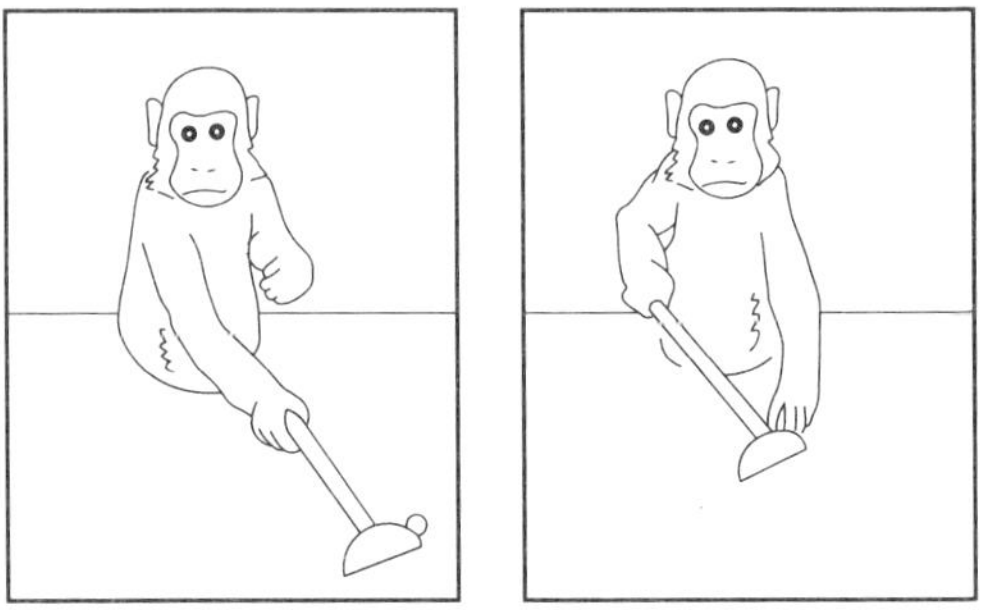

図6　熊手を使って物を引き寄せるサル
(Iriki *et al.*, 1996より改変)[16]

のだが、私たちの感覚はまるでペン先で生じているように体験される。このように、とくに使いなれた道具を用いる場合などに、私たちの身体空間は拡大する。

身体空間の拡大が脳のどのようなしくみによって現れるかはよくわかっていない。しかし最近、その神経学的な基礎と考えられる現象が発見された。入来らは、サルに熊手を使って物を引き寄せる課題をおこなわせたとき、脳の細胞の活動がどのように変化するかを調べた。脳の頭頂葉にある細胞は視覚刺激と触刺激の両方に反応する性質をもっている。それらの細胞のあるものは、サルの手に与えられた触刺激に対して反応する一方で、手の近くに提示された視覚刺激にも反応した。つまり、この細胞の視覚受容野と体性感覚受容野は空間内のほぼ同じ位置で重なっていた。ところが、サルに熊手を使って物を引き寄せる訓練をおこなうと（図6）、手の近くにあった視覚受容野が、熊手の先端の方向に拡大したのである。つまり、この細胞は、あたかもサルの手が熊手の先端に伸びたようなふるまいをするようになったのである。この研究結果は、熊手を使用することによって生じた身体空間の拡大現象に対応した、神経レベルの現象であると解釈される。[16]

すでに述べたように、幻肢現象は、実在する自分の身体ではなく、脳内の特異な神経活動によってもたらされた身体空間であると考えられる。幻肢は四肢などを失った患者に見られる特異な現象であるが、私たちが道具を用いる際に体験する身体空間の拡大現象に示されるように、身体図式とよばれるものも、おそらく同様の神経活動に支えられたものにちがいない。ところでここで重要なことは、私たちの日常的な行動の多くが、それを意識するかしないかにかかわらず、そのような身体図式にもとづいておこなわれていることである。たとえば狭い通路やドアの入口をなにげなく体をぶつけることなくスムーズに通れるのは、自分の身体の空間的な広がりに関する知識、すなわち身体図式を無意識的に参照しているから可能なのである。この場合、身体図式は私たちの行動を支える無意識的な認知作用のひとつといえる。

■注

（1） Denes, G. 1989. Disorders of body awareness and body knowledge. In F. Boller & J. Grafman (Eds.) *Handbook of neuropsychology,* Vol.2. Amsterdam : Elsevier Science Publisher. pp.207-228 ; Hecaen, H. & Lanteri-Laura, G. 1983. *Les fonctions du cerveau.* Paris : Masson.（濱中淑彦ほか訳『大脳機能と神経心理学』中央洋書出版部、一九八九年）

（2） Melzack, R. 1992. Phantom limbs. *Scientific American,* **266**, 90-96.（立川幸治・立川美恵子訳「幻肢」『日経サイエンス』一九九二年六月号、一〇四－一一二頁）

（3） 長沼六一・山内洋三・秋本辰雄「幻影肢痛の精神力動について」『精神医学』一六巻一〇号、三五－四二頁、一九七四年。

（4） Katz, D. 1950. *Gestalt psychology.* New York : Roland Press.（武政太郎・浅見千鶴子訳『ゲシュタルト心理学』新書館、一九六二年）

（5） Poeck, K. 1964. Phantoms following amputation in early childhood and in congenital absence of limbs.

Cortex, **1**, 269-275.
（6） Weinstein, J., Vetter, J. & Sersen, E.A. 1970. Phantoms following breast amputation. *Neuropsychologia*, **8**, 185-197.
（7） Ramachandran, V. S. 1993. Behavioral and magnetoencephalographic correlates of plasticity in the adult human brain. *Proceeding of National Academy of Science of USA*, **90**, 10413-10420.
（8） 脳の中の感覚細胞は、ある限られた領域からの刺激に反応する。たとえば個々の視覚細胞は、網膜上の特定の領域に与えられた光刺激にだけ反応する。体性感覚野の細胞は、皮膚上の特定の場所の刺激に反応する。これらの特定の刺激領域を、その感覚細胞の受容野とよぶ。
（9） Gazzaniga, M.S., Steen, D. & Volpe, B.T. 1979. *Functional neuroscience*. New York : Harper & Row.
（10） Merzenich, M.M., Nelson, R.J., Stryker, M.S., Cynader, M.S., Schoppmann, A. & Zook, J.M. 1984. Somatosensory cortical map changes following digit amputation in adult monkeys. *Journal of Comparative Neurology*, **224**, 591-605.
（11） Pons, T.P., Preston, E., Garraghty, A.K., Ommaya, A.K., Kaas, J.H., Taub, E. & Mishkin, M. 1991. Massive cortical reorganization after sensory deafferentation in adult macaques. *Science*, **252**, 1857-1860.
（12） Mogilner, A., Grossman, A.T., Ribrary, V., Joliot, M., Volmann, J., Papaport, D., Beasley, R. & Llinas, R. 1993. Somatosensory cortical plasticity in adult humans revealed by magnetoencephalography. *Proceeding of National Academy of Science of USA*, **90**, 3593-3597.
（13） Wall, P.D. & Egger, M.D. 1971. Formation of new connections in adult rat brains after partial deafferentation. *Nature*, **232**, 542-545.
（14） Davis, K.D., Kiss, Z.H.T., Luo, L., Tasker, R.R., Lozano, A.M. & Dostrovsky, J.O. 1998. Phantom sensations generated by thalamic microstimulation. *Nature*, **391**, 385-387.
（15） Jaspers, K. 1948. *Allgemeine Psychopathologie*, 5th ed. Berlin : Springer-Verlag.（内村祐之ほか訳『ヤスペルス精神病理学総論』岩波書店、一九五三年）
（16） Iriki, A., Tanaka, M. & Iwamura, Y. 1996. Coding of modified body schema during tool use by macaque postcentral neurons. *Neuroscience Report*, **7**, 2325-2330.

2章　まぼろしの映像

幻
視

◇◇◇ 幻視

前章では事故や疾病のために身体の一部を切断された患者が、失った身体の幻影をたびたび体験することを紹介した。これと同じような現象が、何らかの原因で視覚機能を失った人々においても生じる。この場合患者は、実際には存在しないものが、あたかも実在するかのように見える。このような現象は幻視（visual hallucination）とよばれる。

視覚機能を失う原因はさまざまであるが、大きく分ければ、末梢性の原因と中枢性（大脳性）の原因に分けられる。末梢性の原因とは、眼球の損傷や眼と脳を結ぶ視神経などの損傷をさす。これに対して中枢性の原因とは、大脳の損傷、とくに視覚に関連する部位（視覚野）の損傷をさす。これらのいずれの場合にも、多くの患者が多かれ少なかれ幻視を体験する。

◇◇◇ 眼疾患にともなう幻視

事故による眼球損傷のために摘出手術を受けたり、白内障のような病気のために目が見えなくなった患者が、幻視を訴えることがある。このような症例はかなり古くから報告されている。一八世紀のジュネーブの博物学者ボネ（Bonnet, C.）は、母方の父が、人々や動物などの幻覚を見たと報告している。その祖父は、それらは幻影であり、実在するものではないことをはっきりと認識できたという。しかも幻視を見るのを楽しんでいたという。(1) この報告以降、とくに眼疾患にともなう幻視は、シャルル・ボネ（Charles Bonnet）症候群ともよばれるようになった。(2)

バートレット（Bartlet, J.E.A.）は、白内障の摘出手術を受けた老人が見た幻視について詳しく報告している。この八四歳の老人は最初右眼の白内障を摘出したが、その一年半ほど後に幻視が現れた。

「中央にインディアンの顔が入った円が見えた……。その顔は約一分ほど見えつづけた。左眼を閉じても像に変化はなかったが、右眼を閉じるとたちまち像は消えた。眼を動かすとそれとともに像も動いた(1)」。

老人はその後左眼も白内障の摘出手術を受けた。

「左眼を手術して数日後、まだ眼帯をしていたのに、ドアの入り口に白い服を着た女性が立っているのが見えた。彼は何度か目をそらし、またドアのところを見るたびに、その女性の姿が見えた。その夜、彼はまたその同じ場所に、こんどはピンクと緑の服を着た女性が見えた。老人のそばには彼の妹がいたが、彼女には何も見えなかった……。夜、彼が眠りに入る直前、ただし目を閉じる前に、人々が右から左に向かって行進するのが見えた。背中にナップサックを背負った子どもたちや、異様なヘッドギアをした老人たちのように見えた」(1)。

幻影の色は、白や緑、ピンク、赤であったが、ときたま灰色や黒になることもあった。興味深いことにこの患者の場合、暗いところや眼を閉じると、幻覚はけっして見えなかったという。

次に紹介するのは田崎らによって報告された症例である(3)。患者は白内障と網膜剝離をわずらった六七歳の女性だった。この患者の場合、幻視として現れたのは明確な形をもった具体的なものではなく、はっきりした色の活発に動く不定形な物体だった。

「赤っぽいものが見えたり、青っぽいものが見える……。左目の上のほうから血が降りるみたいに、赤い膜がかかってきた。結局左目が見えなくなってしまった……。赤いボサボサした何とも言えない化け物が動き回る。動物のようでもあるがはっきりしたものではない。ヘビかと思って見るとドッと形が変わる。大きくなったり、小さくなったりして、自分に被いかぶさってくるようである。時々、人の顔のようにもなる。目と長い鼻のある化け物が自分の上にかぶさってくる……。また、周囲の壁がボロボロと剝げ、白い粉が落ちてくる。天井から化け物がブラッと下がってくる。色は白と赤とかである。目を閉じた時の方がはっきりするが、左目のほうは目を開いても見える[3]」。

◇◇◇ 大脳性の視野障害にともなう幻視

大脳の後部には視覚をつかさどる部位がある。この部位に損傷を受けると、たとえ眼は正常でも、損傷の程度に応じて視野の一部あるいは全部が見えなくなる。そのような視野の見えない部分は暗点（あるいはスコトマ〔scotoma〕）とよばれる。人の脳では、視野の左側に提示された刺激は右側の大脳半球に伝えられ、視野の右側に提示された刺激は左側の大脳半球に伝えられる。つまり視野と大脳半球は反対の関係にある。このため、左右どちらか一方の大脳半球の視覚野に損傷があると、その反対側の視野に暗点ができる。この場合、左右どちらの眼で見ても暗点は視野の同じ側にあるので、このような症状は同名半盲《どうめいはんもう》（homonymous hemianopia）とよばれる。

同名半盲の患者では、その暗点（すなわち半盲視野）内に幻覚を見ることが知られている。ランス（Lance, J.W.）[4]は、一過性あるいは慢性の同名半盲患者が体験した幻視の内容について詳しい報告をしている。以下にそのなかのいくつかを紹介する。

四八歳の男性患者は左半球後部の脳梗塞によって、右側視野が見えなくなった（右同名半盲）。発作を起こした翌朝、右視野に幻視が現れた。

「（右の半盲視野内に）ピラミッドや頭蓋骨、階段、留め金の付いた制服を着たローマの兵士の幻覚が見えた。この幻覚は三日間つづき、眼を閉じても開いても消えなかった。このため、テレビを見たり読書の邪魔になった。その後、フラッシュ光や、直線、ジグザグあるいは青や白いビリヤードの玉が転がったり重なったりしているのが見えた。これは一日つづいた。その後、……ネコが現れた。ネコの頭、仔ネコの頭、あるいは数匹のネコが自分の方を見つめているのが見えた。最初ネコには色がついていたが、やがて色がなくなった。それとともに、ネコは一匹だけになった。一カ月後、幻覚は消え、右視野は暗く見えるだけになった。この患者は以前、考古学や歴史、ネコなどに興味をもったことなどなかったという(4)」。

次に示すのは左同名半盲の六二歳の女性患者の体験である。

「朝七時に最初の生徒を教えていたとき、左視野にさざ波のような回転運動が見えた。この感覚は二日間つづき、三日めには具体的な物の形になって見えた。実物大の人々が左側から彼女の方に向かって来た。彼らの顔は荘厳だったが、それ以外の特徴はなかった。彼女の前を通り過ぎるとき、彼らのある者は彼女を見つめ、ある者は頭をさげて会釈し、またある者は顔をそむけた。彼女は、自分がモスクワの赤の広場にあるレーニン廟にいるような感じがした。ときおりイヌがしっぽを振って通り過ぎた。次の日、幻覚はあまり見えなくなったが、ちょっとした刺激や興奮によって再び幻覚が喚起された。救急車や消防車のサイレンが、例の一団の人々の幻覚を引き起こした。また別のおりには、料理の匂いによって、煙が左側の壁から吹き出してくるのが見えた[4]」。

◇◇◇幻視の特徴

ここで視覚機能を失った人々において生じる幻視の特徴をまとめておこう。

(1)　幻視の内容はさまざまである。形の定まらない不定形の物体、フラッシュ光、直線、ジグザグといった幾何学的パターン、そしてはっきりと形をもった人物や動物の姿、物品など多様である。眼疾患などによる末梢性の幻視と、大脳損傷による中枢性（大脳性）幻視を比較すると、前者では不定形の物体や光刺激などが多く、後者では具体的な形をもった映像が多い。ただし、この違いは絶対的なものではない。

(2)　幻視には鮮やかな色彩と活発な運動をともなうことが多い。これは見える内容を問わない。色彩は治癒の過程や何かのきっかけでモノクロに変化する場合もある。運動は具体的な物体が見える場合、たとえば人々の行進やしっぽを振るイヌなど、それにふさわしい動きとして生じる。もちろん異常な運動の場合もある。ランスが記載した別の女性患者は、テレビの画面から自分の方に向かって樹木や木の枝が飛び出してきて、彼女の二〜三フィート前で止まるのが見えた。また幻視は目の動きとともに動くこともあるが、この傾向は末梢性の幻視で多い。

(3) 幻視で見える映像は、あまりストーリーをもたない。つまり、物語のような筋書きはない。この点、夢とは異なる。また特定の決まったものだけが繰り返し出現することが多い。たとえば、ランスが報告した男性患者はたくさんのネコの顔を見ている。

(4) 幻視の内容は以前に患者が体験したものとは限らない。多くの場合、それらははじめて見るものであり、視覚的記憶とは無関係のように思われる。また患者がとくべつ興味・関心をもっているものでもない。

(5) 幻視は何かのきっかけで生じることがある。たとえば眼の開閉や眼球運動、救急車や消防車のサイレンの音、料理の匂いなどの刺激。

(6) 患者はたいていの場合、幻視で見たものを実在するものと混同することはない。また幻視を見たからといって、自分の眼はまだ見えるはずだと主張することもない。この点では、まったく見えないのに見えると信じているアントン症状の患者たちとは対照的である（4章参照）。

(7) 最後に、患者が見る幻影のなかには、後で述べる偏頭痛性閃光や反復視のように、それ自体他とは区別される特異な視覚現象として、別個にとりあげられて研究されているものも含まれる。

◇◇◇幻視はなぜ生じるのか

本章でとりあげた幻視は、いずれも視覚機能を失った患者で体験されたものである。これらの患者においては、視覚刺激が脳まで伝わらないか、脳まで伝わってもそれを最初に脳が受け取る部位（第一次視覚野）がこわれている。いずれにせよ、視覚刺激が高次の視覚野まで伝わらないことによる視覚障害である。

末梢からの刺激による第一次視覚野の活性化

脳に視覚刺激が伝わらないのに、なぜ患者たちは幻視を見るのだろうか。眼疾患によって視覚を失った患者においては、何らかの原因で末梢の視覚系から脳に異常な神経信号が伝わる可能性がある。たとえば網膜に損傷を受けた場合、正常な視力は失われるが、残された網膜部位からの刺激入力があり、これによって第一次視覚野の細胞が活性化され、その結果幻視が現れるのかもしれない。この説明は、四肢切断患者で体験される幻肢が、切断部位に生じた神経腫からの刺激によって生じるとする説明と同じ考えにもとづいている（1章参照）。

光刺激が眼に与えられていないのに、光が見えることがある。たとえば、暗中でまぶたの上から指で眼球を圧迫すると、不定形の光が見える。これは閃光（phosphene、あるいは眼内閃光）とよばれる[5]。閃光は眼球に電気刺激を加えたときにも見られる。これらの現象は、「眼疾患にともなって生じる幻視は、疾患部位から生じた刺激信号が第一次視覚野に伝わったことによって生じる」とする説明を、間接的ながら支持している。

幻視が不定形なものや光である場合、それらは第一次視覚野の興奮過程を反映していると考えられる。ペンフィールド（Penfield, W.）とロバーツ（Roberts, L.）は、てんかん治療のための脳手術の際に、患者の脳表面に直接電気刺激を与えてその効果を調べた。その結果、脳の後頭葉にある視覚皮質を刺激すると、日常生活で目にするものよりもはるかに単純なもの、たとえば、ちらつく光やいろいろな色、動く影などが見えたと報告している[6]。これらの幻影は、眼疾患の患者が見る幻視と同じである。

視覚表象の解放

ところで、眼疾患の患者に見える幻視は、不定形な物体や光といった単純なものだけでない。景色や人物、動物の姿など具体的なものも見える。このことはどのように説明されるのだろうか。

バートレットは眼疾患にともなう幻視と四肢切断患者の幻肢を比較し、両者に共通する因子として、末梢からの正常な知覚刺激の欠如をあげている[1]。知覚に関連する脳の中枢に、眼から正常な刺激が入ってこないために幻覚が生じるというわけである。コーン（Cohn, R.）もまた、幻視と幻肢が共通のメカニズムをもつ可能性を指摘している[7]。彼は眼球摘出により視力を失った目に一過性の要素的な視感覚が生じる現象、すなわち幻視を、ファントム・ヴィジョン（phantom vision）とよんでいる。

この説明を支持する証拠のひとつに、感覚遮断の実験でたびたび被験者が体験する幻影がある。[8] 感覚遮断（sensory deprivation）実験とは、文字どおり、人からあらゆる感覚情報を奪い取る実験である。被験者は眼を不透明なゴーグルで覆われ、耳栓をして、さらに手足には厚手の手袋やギブスをかぶせられて、特別に作られた部屋にひとりで長時間おかれる。すると被験者にさまざまな身体的・心理的な変化が生じる。そのなかでももっとも特異なものが幻覚であり、被験者は幻聴や幻影を体験する。これは、長時間にわたって感覚的な刺激を与えられないことによって、脳の働きに異常が生じたことを反映していると考えられる。いいかえれば、脳が正常に機能するためには、適切な量の感覚刺激にさらされている必要があるのである。

脳に与えられる感覚刺激が極端に削減され、現実世界から隔離された状態にあると、脳はみずから視覚表象を作り出し、それを被験者に体験させるのかもしれない。被験者の不安感などがさらにこの傾向に拍車をかけるのだろう。感覚遮断で生じる幻影は、いわば解放された視覚表象といえる。

視覚機能を失うことは一種の感覚遮断におかれることである。それゆえ、これらの患者で体験される幻視もまた、視覚入力を奪われたことによって脳で生じた視覚表象の解放によるのかもしれない。この説明は、とくに半盲患者が体験する幻視にあてはまると思われる。なぜなら、これらの患者ではそもそも眼からの刺激入力を受け取る場所である第一次視覚野が損傷を受けているからである。ランスは半盲患者に幻視が見えるのは、視覚連合野（高次の視覚野）が第一次視覚野とは無関係に、自発的に活動しているためではないかと述べている。さらに、その幻視は物品や人間、動物といった特定のものに限定されることが多いことから、視覚連合野においては、伝達された視覚情報が人や動物、物品といったおおまかなカテゴリに分類されて処理されているのではないかと述べている(4)。つまり、たとえば人間の姿だけを処理する神経細胞だけが集まった構造体があり、それが活性化したときに人間の幻視を見るのではないかというのである。

この考えは最近の神経生理学研究の結果とも一致する。それによれば、側頭葉下部の前方位置には、類似した特徴をもつ刺激に反応する神経細胞が集まって、コラムとよばれる柱状構造を形成していることがわかっている(9)。たとえばあるコラムで星型に反応する細胞が見つかると、同じコラムのなかに、四つの突起をもつ星に強く反応する細胞や、一六の突起をもつ星に強く反応する細胞も見つかる。さらに最近の研究によれば、とくに人の顔の場合には、さまざまな方向から見た人の顔に反応する細胞が、皮質のかなり狭い領域に集まって存在することが示されている(10)。

脳がみずから視覚表象を生み出す可能性については、ペンフィールドらの古典的な研究でも示されている。すでに述べたように、視覚野に電気刺激を与えると、患者は「ちらつく光」や「いろいろな色」といった要素的な幻影を見た。しかし、脳の別の部位、たとえば脳の側頭葉を刺激すると、「多くの人が居間にいる……。そのひとりは私の母だ(6)」というように、具体的な人物や光景が見えた。

◇◇◇ 偏頭痛性閃光と反復視

幻視のなかには、視覚障害のない人でも体験するものや、それ自体独立した神経学的症状として記載されるものが含まれる。前者の例としては偏頭痛性閃光（migraine phosphenes）、後者の例としては反復視（palinopsia）がある。

偏頭痛性閃光

この名称は偏頭痛をともなうことが多いことによる。多くの場合、最初は視野中心部付近に、ジグザグ状の線に見える点滅光が現れる。まるで要塞のような半円状のパターンをほぼ保ちながら、視野周辺部に向かって拡大していく（図1）。二〇分ほどで視野の末端に達し、それとともに消滅する。左右視野のいずれかに現れ、両視野をまたいで移動することはない[11]。

先に紹介したフランスの報告に出てくる男性患者は、この偏頭痛性閃光によく似た幻視を見ているが、健常者でも偏頭痛性閃光を見る人が少なくない。この場合、その原因は大脳後頭部で一過性の血流障害が生じ、それにともなって脳機能が不調になったためと考えられる。閃光のパターンが視野を移動して見えるのは、脳の機能障害が後頭部から始まって、しだいに前方に広がっていくためとされる[12]。

反 復 視

脳損傷患者のなかには、目の前にあった物がなくなった後でも、それが見えつづけたり、しばらく経ってから再び見えてくる人がいる。このような症状は反復視、あるいは視覚性保続（visual perseveration）とよばれる。[13] 先に紹介したランスの報告にある女性患者は、この反復視を体験している。

「（発作が生じてから）一週間後、幻覚はおさまった。しかし、天井が上下に動いたり、部屋の左側の壁がうねるように動くのが見えた。同時に視覚保続が現れた。人物を見ていたら、その映像がその人物から離れていくように現れ、背景に消えていった。部屋を横切る人物を見た後、数秒して再び同じ映像が見えた。青いドレスの女性が歩いていくのを右眼で見たら、その後、その女性が同じ動作をするのが左眼で観察された。同様な体験は自分の動作にも現れた。バスルームから出てきたとき、彼女は五～六人の彼女自身が、さっき自分がやったのと同じ動作をしているのが見えた[4]」。

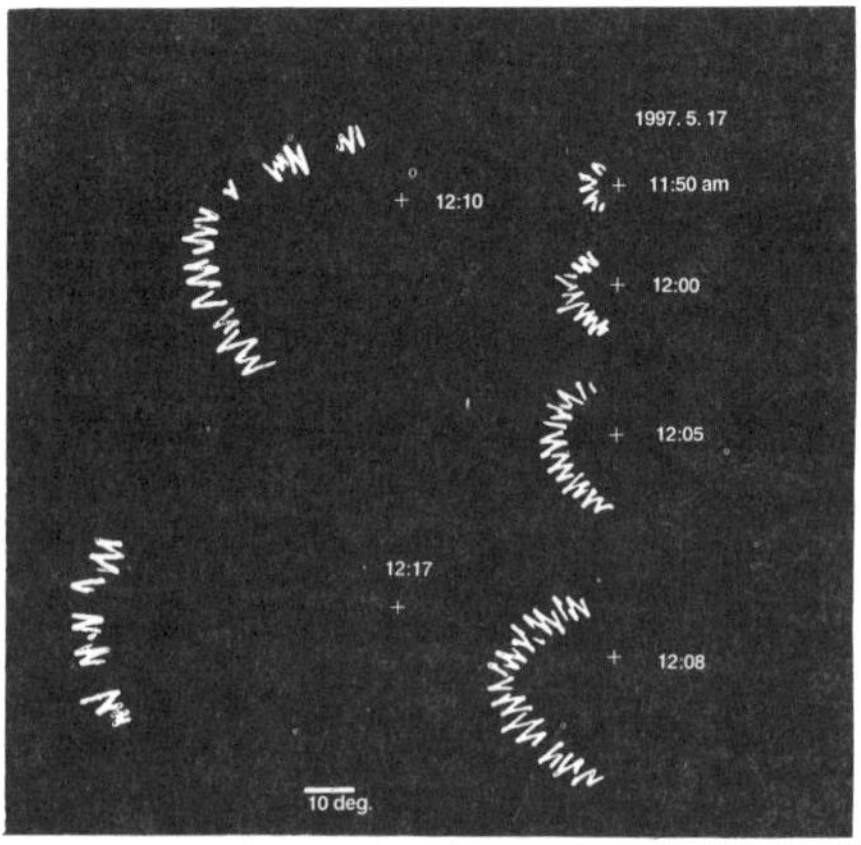

図1　偏頭痛性閃光の例。＋は注視位置，数字は観察時刻を示す。著者の体験による

一般に幻視は今まで見たことがないものが現れるが、

図2　反復視の例。14歳の女性。彼女はたびたび発作をおこし，同時に彼女は，「コーラの瓶，帽子，ヒトデ」あるいは「男性の上半身」の幻影を見た。それらはすべて，以前に彼女が実際に，プールや海岸で見たものだった（Jacobs, 1989より作成）(13)

反復視の場合は、直前に見たものが現れる。頭頂葉—後頭葉の損傷によって生じ、視野欠損に至る過程や、その回復期で多く見られる。(14) 反復視は視野全体の光景が見えるのではなく、目の前にあった特定の物が再現される場合が多い（図2）。このことは、認知機能を受けもつ脳の活動が、個々の視対象に選択的な活動として生じている可能性を示唆している。つまり、カメラの場合は、レンズを通して入ってきた光景全体が同様に処理されるが、人の視覚系においては、個々の視対象を単位として処理がなされていることを示唆している。この知見は、脳にはたとえば顔だけを認識する神経細胞のコラムが存在することを示した最近の神経生理学的知見とも通じるところがある。

すでに述べたように、幻視が生じる原因は明確でない。しかしもっとも有力な説明は、「視覚入力が欠如した状態におかれた脳が、それを補うかのようにみずから幻影を作り出したのが幻視である」というものである。同じような補償作用は、他の知覚現象でも見つかっている。

◇充◇塡◇現◇象

網膜からの神経は、網膜上のある一点に集まり、そこから眼球の外に出て脳に連絡している。そのため、網膜のこの部位には光を感知する細胞が存在しない。この部位は盲点(blind spot)とよばれる(図3)。盲点に映った映像は知覚されない。そのため、盲点に映った部分は、そこだけが何も見えない〝穴〟のように知覚されるはずである。しかし、日常生活ではこの盲点の存在は気づ

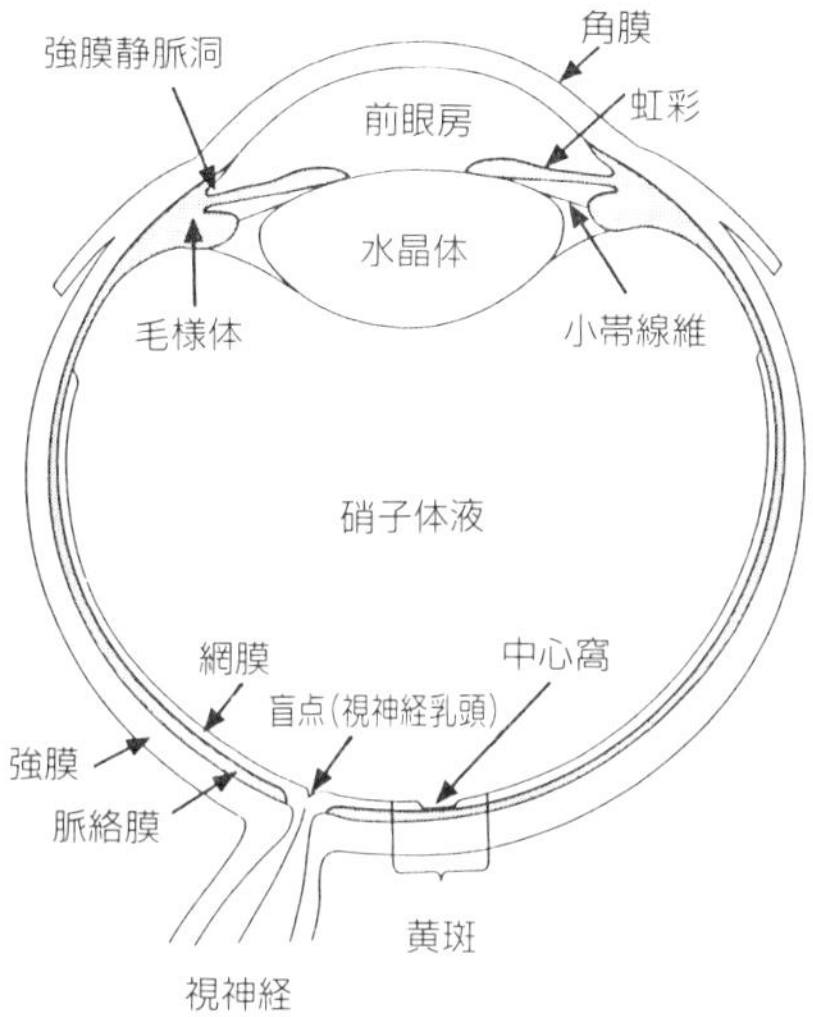

図3　目の構造と盲点。図は右眼の内部を上方向から見たところを示す。視線を向けた対象物の像は中心窩に映る。盲点はそこから少し離れた位置にある。右眼で観察したとき，盲点には注視位置から右方向に離れた位置にあるものが映る

図4　上：右眼を塞いで左眼で＋印を注視する。適当な距離（20cm程度）で観察すると，＋の左側にある黒丸が盲点に入り，見えなくなる。下：同様に観察する。バーの切れめの部分が盲点に入ると，バーは連続して見える（充塡現象）

かれない。両眼視の場合は、一方の眼の盲点部分を他方の眼が補ってくれるので、〝穴〟が見えないのは当然であるが、単眼で見ても〝穴〟は依然として見えない。

なぜ盲点の〝穴〟は見えないのか。この問いに対する古くからの説明は、脳が盲点の見えない部分を補っているというものである[15]。脳は盲点の部分だけ欠落した不自然な視覚世界を、より正常な世界にもどすために、周囲の部分と矛盾のないようにその部分を描き足すというのである（図4）。これは盲点における充塡（filling-in）現象とよばれる。しかし、このような説明では不十分である。どのようなしくみで、そのような〝描き足し〟がおこなわれるのだろうか。

その手がかりは、ギルバート（Gilbert, C.D.）とヴィーゼル（Wiesel, T.N.）の研究によってもたらされた[16]。彼らは両眼の対応する網膜部位を破壊し、視野の一部が見えないようにした。つまり、人工的に暗点（網膜暗点とよばれる）を作ったわけである。破壊された網膜部位から信号を受け取っていた脳の第一次視覚野細胞は、入力経路を失ったために、眼に光を当てられてもまったく反応しなくなった。しかし驚いたことに、一〜二カ月後には、この細胞は破壊された網膜部位の代わりに、その周辺領域の網膜に与えられた光刺激に反応するようになったのである。この場合、その細胞はもともと破壊場所に与えられた光に反応していたのであるから、脳はその破壊場所に対応する視野に光が見えたと解釈するにちがいない。つまり、網膜破壊によって見えなくなった視野の一部が、〝見える〟ようになったのである。

ギルバートとヴィーゼルの研究は、人工的に作られた暗点に関するものであったが、小松らはサルの盲点でも同じような神経活動が見られることを見出している[17]。

盲点の充塡現象は正常な脳の機能であり、患者が体験する幻視とは異なる。しかし、ギルバートとヴィーゼルが示したように、人工的に作られた暗点においても、盲点の充塡現象の場合と同様な神経活動が生じることがわかった。この場合、暗点は網膜の破壊による網膜暗点であり、視覚野の損傷によって生じた暗点ではない。このような違いはあるが、幻視を体験する患者の脳のなかでは、盲点や網膜暗点で生じている神経活動と同様なことが起きているのかもしれない。

◇◇◇幻視の意味するもの

視覚障害をもつ人々が体験する幻視は、視覚入力が遮断された状態においた脳が作り出した映像であるといえる。しかしそれは、視覚的な記憶の再生とかイメージされた映像とは明らかに性質が異なる。なぜなら、患者が体験する幻視は、視覚記憶やイメージと比べて、はるかにリアルで鮮明だからである。患者は幻視を現実的な映像のように見ているのである。

幻視と視覚記憶との関係はよくわかっていない。幻視は、記憶された視覚映像が多少とも変形されて、直接目の前に投影されたものなのかもしれない。その場合、幻視はある程度患者の視覚体験を反映したものとなるだろう。つまり患者がまったく見たことがないものを幻視として見る可能性は少ない。一方、幻視は視覚記憶とは無関係なものなのかもしれない。もしそうであれば、幻視の内容は患者のそれまで見たことがなかったもので占められることになるだろう。

いずれにせよ、現実に目の前にないものが見えるという事実は、そのような映像をもたらす素材が脳のなかにあることを意味している。つまり、ネコの顔やローマの兵士の姿など、個々の事物の映像を作り出す素材が、脳のなかには存在すると考えられる。幻視が視覚記憶と関係があるか否かという問題は、ここでは、そのような映像の素材が経験によって作り出されたのか、それとも脳に遺伝的に備わっていたのか（あるいは脳が独自に生成したものか）という問題に置き換えられる。神経学者は、そのような映像の素材は、脳神経細胞の機能的な単位であるコラム構造に対応すると考えるかもしれない。もしそうだとすると、そのような機能的単位が経験によって形成されたのか、それとも生得的に脳に備わっているのかという問題に変わる。

いずれにせよ、そのような映像の素材といったものが存在するとすれば、それらは普段は意識にのぼることなく沈黙を保っていると考えられる。そして、何らかのきっかけで、たとえば視覚入力が欠如した場合などにおいて、意識にのぼるのであろう。いいかえれば、幻視の症例は、そのような映像の素材が無意識的な形で脳のなかに保有されていることを示唆している。

■注

（1） Bartlet, J.E.A. 1951. A case of organized visual hallucinations in an old man with cataract, and their relation to the phenomena of the phantom limb. *Brain*, **74**, 363-373.

（2） Hecaen, H. & Lanteri-Laura, G. 1983. *Les fonctions du cerveau.* Paris : Masson.（濱中淑彦ほか訳『大脳機能と神経心理学』中央洋書出版部、一九八九年）

（3） 田崎博一・渡辺俊三・佐藤時治郎・小田桐政孝・一戸敏「眼疾患に伴う幻視について：Charles Bonnet 症候群の一例」『精神医学』二九巻五号、五〇九－五一三頁、一九八七年。

（4） Lance, J.W. 1976. Simple formed hallucinations confined to the area of a specific visual field defect. *Brain*, **99**, 719-734.（内容を変えないで、部分的に表現を変えた）

（5） Tyler, C.W. 1978. Some new entoptic phenomena. *Vision Research*, **18**, 1633-1639.

（6） Penfield, W. & Roberts, L. 1959. *Speech and brain mechanism.* New Jersey : Princeton University Press.（上村忠雄・前田利男訳『言語と大脳』誠信書房、一九六五年）

（7） Cohn, R. 1971. Phantom vision. *Archives of Neurology*, **25**, 468-471.

（8） Heron, W. 1957. The pathology of boredom. In S. Coopersmith (Ed.) *Frontiers of psychological research : Readings from Scientific American.* San Francisco : Freeman. pp. 82-86.

（9） Tanaka, K. 1993. Neural mechanisms of object recognition. *Science*, **262**, 685-688.

（10） Wang, G., Tanifuji, M. & Tanaka, K. 1998. Functional architecture in monkey inferotemporal cortex revealed by in vivo optical imaging. *Neuroscience Research*, **32**, 33-46.

（11） Richards, W. 1971. The fortification illusion of migraines. *Scientific American*, **224**(5), 88-96.

（12） Lauritzen, M. 1992. Cortical spreading depression as a migraine mechanism : Clinical and experimental aspects. In R.J. do Carmo (Ed.) *Spreading depression* (Experimental Brain Research Series 23). New York:

Springer-Verlag. pp.7-15.
(13) Jacobs, L. 1989. Positive visual phenomena and brain disease. In J.W. Brown (Ed.) *Neuropsychology of visual perception*. Hillsdale, New Jersey : Lawrence Erlbaum. pp.165-182.
(14) 反復視についての詳しい解説は、本田仁視『視覚の謎：症例が明かす〈見るしくみ〉』（福村出版、一九九八年）を参照。
(15) Ramachandran, V.S. 1992. Blind spot. *Scientific American*, **226**, 85-91.（影木准子訳「盲点」『日経サイエンス』一九九二年七月号、七四－八〇頁）
(16) Gilbert, C.D. & Wiesel, T.N. 1992. Receptive field dynamics in adult primary visual cortex. *Nature*, **356**, 150-152.
(17) Komatsu, H., Murakami, I. & Kinoshita, M. 1996. Surface representation in the visual system. *Cognitive Brain Research*, **5**, 97-104.

3章　忘れられた左空間

半側空間無視と半側身体失認

幻肢（1章）や幻視（2章）の患者は、実際には存在しないものを、まるで実在するものとして体験する。ところがこれとは反対に、実際に目の前にある物にまったく気づかなかったり、自分の身体の一部を完全に無視して行動する患者がいる。しかも、これらの患者が無視するのは、左側の空間や身体の左半分というように、片側に限定されている。これらの症状は、視野障害や麻痺症状といった原因によるものではない。そのような障害がないにもかかわらず、患者は自分の身体や生活空間の半分だけを無視する。

これらの症状は、重複して生じることも多い。そのため、それらがひとつの基本的障害を反映したものなのか、それともそれぞれが別個の異なった障害なのかについては議論がある。それらの厳密な検討は専門家にまかせるとして、ここでは無視症状の代表的なものとして半側《はんそく》空間無視と半側身体失認の二つをとりあげて話を進めることにする。実はこれらでさえも、そのよび名が研究者によって異なるほど、厄介な現象である[1]。

◇◇◇ 半側空間無視

脳に障害をもった患者たちが示す症状は、一般の人々には信じがたいものが多い。そのなかでも半側空間無視は、奇異な症状の代表的なものとして、古くから多くの研究者の関心を集めてきた(2)。

この症状は、ほとんどの場合右半球の損傷によって生じる。患者は目が見えないわけではないのに、自分の左側を無視する。しかも無視している事実に気づいていないかのようにふるまう。実際、患者は自分が左半分を無視しているとは思っていない。このため、医師や家族が説明してもなかなか納得しない。視野障害（半盲）の患者であれば、たいていの場合、自分の視野の一部が欠損していることを自覚できる。このため、眼や頭を動かして、障害を補償しようとする。しかし半側空間無視の場合は、そのような補償行動は生じにくい。

症　例

患者が示す異常行動は多様だが、多くの症例報告で記載された病像は、ほとんど同じである。次に示す症例は、典型的な患者の様子を表している(3)。

「患者は右手利きの中年の男性教師で、それまではまったく健康だった。患者には病識がなかったが、家族が彼の左側身体の異常に気づいて病院につれてきた。彼の意識はしっかりしていて、時間や場所の判断、相手の識別などもできた。数字の復唱もできたし、逆向性健忘や前向性健忘も認められなかった。いろいろなことをよく知っていた。失語、失書、失行なども認められなかった。手指失認、左右の混同、失算もなかった[4]。しかし本を読むように求められると、彼はページの右側にある単語だけ読んだ。たとえば"toothpick"や"baseball"などの単語を見せられると、"pick"や"ball"と読んだ。顔を認知することはできた。しかし、衣服を着るとき、彼は体の右側だけしか着なかった。ひげを剃るときも、顔の右側しか剃らなかった。ひまわりの絵を描くように求められると、彼は右側の花弁しか描かなかった。水平直線を二つに分割する課題では、四分の一に分割した（つまり、左端から四分の三のところで分割した）。紙面いっぱいに散りばめられた短い線分を抹消する課題では、紙面の右側にある線分だけ消した。食事のときも、食膳の右側にあるものだけに手をつけた……。

数日後、患者の病状はすこし改善した。頭部や眼の偏りは見られなくなった。しかし、左側から音を出したり話しかけても、彼は右側の方を向いた。検査者が彼の体の左側に触れて、どこを触られたかを尋ねると、彼は右側を触られたと答えた。右側への刺激に対しては正常に答えることができた[3]」。

半側空間無視の病巣

半側空間無視はおもに脳の右側の損傷、そのなかでも頭頂葉を含む部位の損傷によって生じるとされる。ビジアキ（Bisiach, E.）らは半側空間無視を示した一七人の患者の病巣をＣＴスキャンで調べた[5]。その結果、右半球の頭頂葉、後頭葉、側頭葉の三つの部位をまたぐ境界領域を中心に病巣が広がっていることを見出した（図1）。

まれに左半球損傷でも半側空間無視が生じることがある。しかしその場合、症状は比較的軽度であるとされる。ただしそれは無視をどのように定義するかによって変わるとする意見もある[6]。軽度の無視まで含めて考えれば、左右半球の差はそれほどはっきりしなくなるというわけである。また左半球の損傷患者の場合には、重度の言語障害を併発している場合が多いので、そのような患者を検査場面に誘導すること自体困難をともなう。そのため、そのような左半球損傷患者は、研究のサンプルから除外される可能性がある。

半側空間無視はなぜ生じるのか

右に紹介した症例から明らかなように、その病像は比較的単純なように見える。患者は自分の左側にあるものに対して無関心であり、それらを無視するのである。患者のほとんどは、右半球の頭頂葉を含む領域に損傷をもつ。しかし病巣が明らかになっても、問題は解決しない。こうした症状がなぜ生じるのか、その症状の根底にある障害は何か。これらの問いに答えることが重要なのだが、なかなか難しい。

半側空間無視の本当の原因は何なのだろうか。簡単に考えれば、患者は左側空間の感覚能力が低下しているのかもしれない。しかし、この説明は症状の本質を理解していない。半側空間無視は原則と

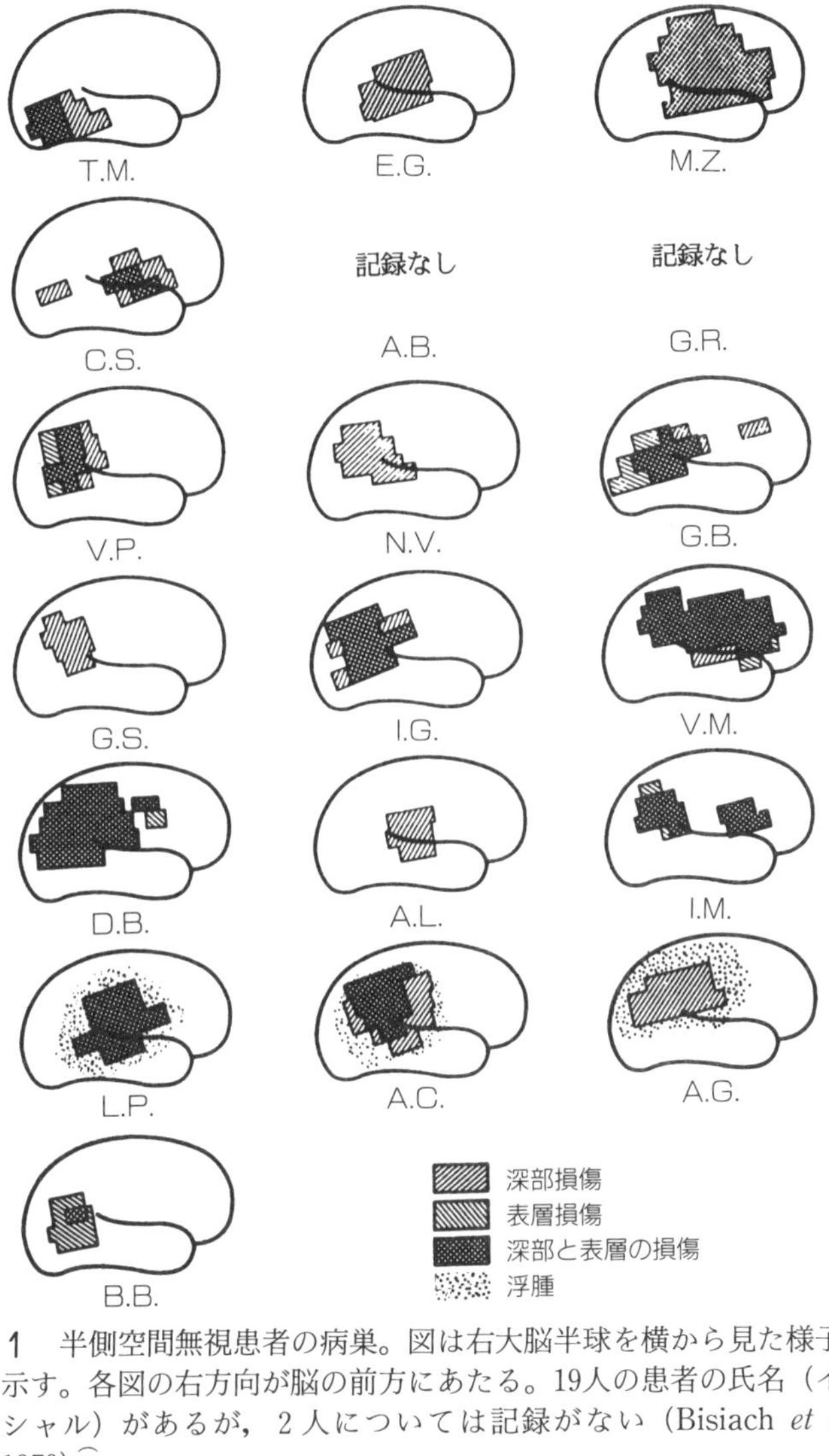

図1　半側空間無視患者の病巣。図は右大脳半球を横から見た様子を示す。各図の右方向が脳の前方にあたる。19人の患者の氏名（イニシャル）があるが，2人については記録がない（Bisiach *et al.*, 1979）⑤

して半側の視覚障害（すなわち半盲）とは別ものだからである。次に考えられるのは、眼球運動の障害である。半側空間無視の患者はたびたび眼球運動障害を示す。つまり、左側になかなか目が向かないのである。しかしそれは、半側空間無視の原因であるというよりも、結果のように思われる。

現在多くの研究者が支持している説明は、注意の障害説である。左側へ注意が向かないことが、患者のさまざまな異常行動をもたらしているというのである。この説明を支持する証拠は多い。

先に紹介した症例のなかでも述べられていたように、半側空間無視の検査としてよく用いられるものに、直線の二分割課題がある。これは横方向に描かれた一本の直線を提示して、患者に左右等しい距離になるように直線を二つに分割する位置に印を記入してもらう課題である。患者は直線の左半分を無視するので、結果的に右半分の中央付近に印をつけることになる（直線を垂直に提示すると誤りは少なくなり、直線の中央付近に印をつける）。ところが、直線の左端にフラッシュ光のような視覚的な手がかりを提示すると、直線の中央付近で二分割する傾向が増した。つまり無視症状は改善された[7]。この結果は、視覚的手がかりによって患者の注意が左側にも向けられるようになったためと解釈される。

直線の二分割課題とともによく用いられる検査に抹消課題がある。これは、患者に短い線分や小円を用紙の上にたくさん散りばめたものを提示し、それらのひとつひとつを抹消する（印をつける）ように求めるものである。半側空間無視の患者は、用紙の右側にあるものだけに印をつけ、左側にあるものには印をつけない。しかし、検査の装置に工夫をこらして、印をつけたものが即座に消えてしまうようにすると、無視症状は減少した。(8) つまり普通の検査のやり方だと、患者が右側に印をつけてもそれがいつまでも消えずに残っているために、それに注意が奪われ、結果的に左側に注意が向かないことになるというわけである。

このように半側空間無視は右半球損傷による注意障害によると考えられる。さらに最近の脳画像研究は、右半球が注意機能と深くかかわっていることを示している。PETとよばれる装置で脳の活動を記録すると、左半球は右側空間に注意を向けたときに活動が高まったが、右半球は左右どちらの空間に注意を向けた場合も活動が高まった。(9) この結果は、右半球が注意の維持に重要であることを示している。

これらの研究は、半側空間無視の原因は注意の障害であるとする説明に都合がよい。しかし、注意の障害だとしても、さらにいろいろな問題が残っている。

右側への過剰な注意配分

半側空間無視の患者においては、右半球損傷によってその反対側の左空間に注意が向かなくなっていると説明される。しかし、それだけだろうか。ある研究者は、左側への注意が低下すると同時に、右側への注意が過剰になるのではないかと考えている。抹消課題において、患者は右側にある刺激項目に何度も印を書き込むことがある。また、いったん印をつけられた右側の刺激をそのたびに消してしまうと、左側無視が改善される。これらの知見は、右側の刺激が患者の注意を過度に引き付けていることを示唆している。

大脳半球に損傷を受けると、その損傷部位と同側の空間に対して過剰に注意を向けるようになるとする考えは、三〇年以上も前に動物実験によって示唆されている。

神経生理学者スプレーグ（Sprague, J.M.）は、ネコの右大脳半球の後頭部を破壊した。するとネコは、左側空間に対して無視症状を示した。しかし、さらに左側の上丘（これは大脳半球の下にある）も破壊すると、最初に示された無視症状は消失し、ネコは正常な行動を示すようになった[10]（図2）。この結果についてのスプレーグの説明は複雑でわかりにくいが、簡単にいえば、右大脳半球を破壊すると左空間への注意は低下し、逆に右空間への注意が高まる。このとき左側の上丘を破壊すると、右空間への注意の高まりが抑制され、結果的に両方の空間に注意が向けられるようになるというのである。要するに注意は大脳半球と上丘の連携プレーによってもたらされるので

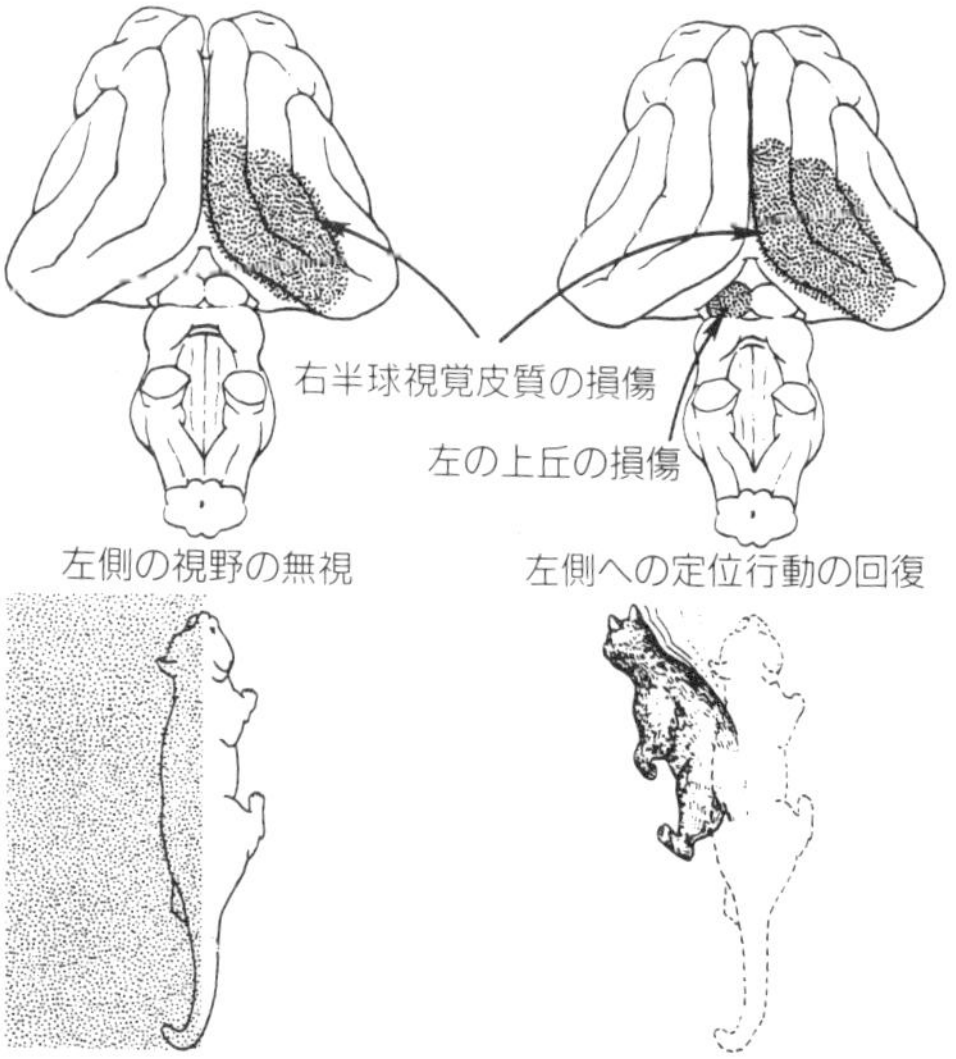

図2　スプレーグ効果。左：右半球の損傷は左側空間の無視をもたらす。右：さらに左側の上丘を破壊すると，無視は消える（Stein & Meredith, 1986）[11]

あり、それらが正常に機能することによって、注意のバランスが保たれるというのである。

この動物実験の結果は、半側空間無視患者の治療に興味深いヒントを与えている。もしスプレーグの実験結果が人にもあてはまるなら、右半球損傷による半側空間無視は、左側の上丘を破壊すれば改善されるはずである。しかし、人においてそのような処置は危険である。そこである研究者は、上丘を破壊する代わりに、右側の眼を遮蔽する方法をとった[12]。少々専門的な話になるが、右眼の網膜の鼻側半分は、左側の上丘と密接な神経連絡がある。そこで、右眼を遮蔽して、視覚信号が左側の上丘にいかないようにすれば、左側上丘の活動は弱まり、そこを破壊したと同じような効果がでるのではないかと考えたのである。報告によれば、このような方法でも、ある程度の効果があったとされている。しかし、これはまだまだ実験段階の話である。半側空間無視だけでなく、脳損傷による認知機能障害の治療やリハビリテーションには、なかなか決め手となる方法がない。

物体の半側無視か、空間の半側無視か

半側空間無視というよび名からわかるように、この障害は文字どおり、自分をとりまく空間の片側を無視することのように考えられてきた。患者の行動や検査結果を見ると、この解釈は正しいように思われる。たとえば絵を描かせると、彼らは見本の左側を描かなかったり、省略することが多い。しかし、複数の物体が描かれた複雑な絵を描画させると、絵の左側を省略するのではなくて、個々の物体の左半分を省略してしまうことがある。たとえば、二人の人物が描かれた絵を見本として提示する

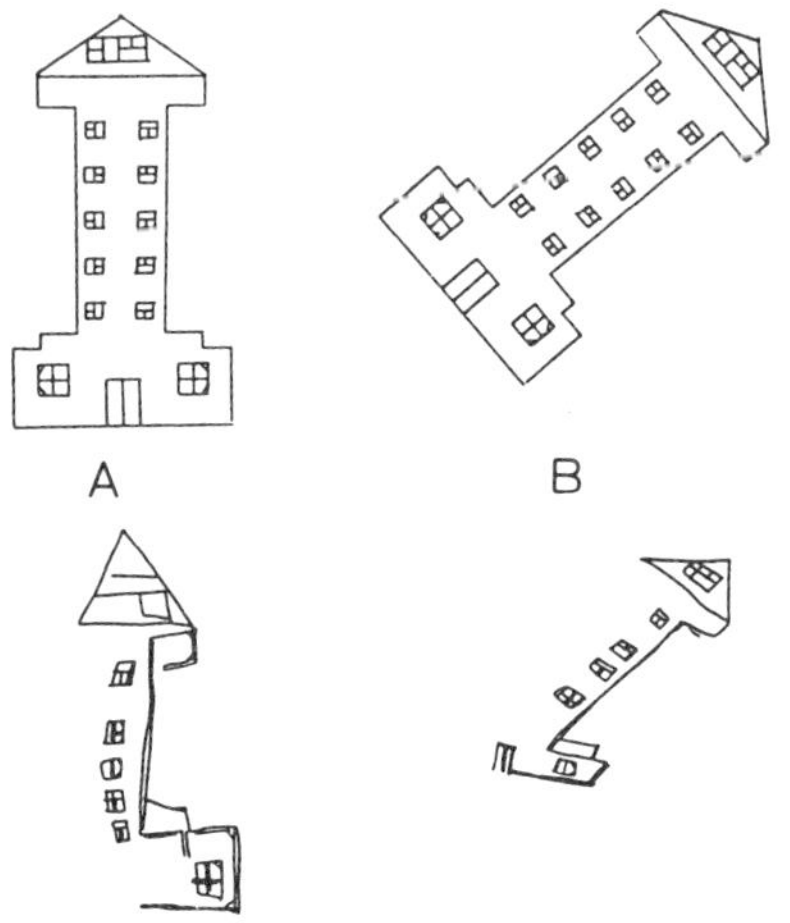

図3　正立した建物（左）と傾いた建物の模写（右）。上が見本，下が患者の模写（Halligan & Marshall, 1994）[13]

と、それぞれの人物の右側はある程度描くが、左側は省略してしまう[13]。このことは、患者は空間の半分ではなく、対象物の半分を無視していることを示唆している。

ハリガン（Halligan, P.W.）らは、患者が物体の半分を無視していることを示すさらに強力な証拠を見つけている。正立した建物の絵（A）を模写させると、患者は建物の左側を無視した。そこで次に、斜めに傾いた建物（B）を模写させた。するとこんども建物の左半分を無視した（図3）[13]。この結果は患者が無視しているのは、物体の半側であり、空間の半側ではないことを示している。なぜなら、もし空間の半側を無視しているのであれば、斜めに傾いた建物の描画は、建物の左半分ではなく、画面の左半分が省略されるはずだからである。

ただし、すべての患者が物体の左半分を無視しているわけではないようだ。実際、多くの研究者は、半側空間無視とは文字どおり空間の半側を無視する症状であると考えている。

潜在知覚

半側空間無視の患者の描画には、対象物の半分を無視して描かないものが多い。しかし、患者は目が見えないわけではないので、何らかの形で、対象物を〝見ている〟可能性がある。たとえ意識にはつきりとのぼらなくても、無視された情報は、脳のなかではある程度まで処理されているにちがいない。

たとえば右に紹介したように、ある患者は斜めに傾いた建物を模写した際に、空間の左半分ではなく、建物の左半分を無視した。このようなことが起きるためには、患者が建物全体の形を知っていたことが前提となる。つまり、患者は潜在的に建物を知覚していたことになる。

このように脳損傷の患者が潜在的な知覚能力をもつことについては、消去（extinction、あるいは消失）現象とよばれる症状に関する研究からも示されている。消去現象とは、絵や物品を一方の視野だけに提示すれば左右視野のいずれでも知覚できるが、両視野に同時に提示されると、一方の視野にあるものしか知覚できない現象である。半側空間無視の場合と同様に、損傷を受けた大脳半球の反対側の視野で知覚障害が生じる[14]。

ヴォルプ（Volpe, B.T.）らは、右半球損傷によって消去現象を示すようになった患者に、絵や単語を見せてそれがどの程度知覚できるかを調べた。予想どおり、両視野に同時に提示されると、患者は左視野に提示されたものを知覚できなかった。しかし、左右の視野に提示されたものが同じものだったか、それとも違うものだったかを判断させると、患者は正しく答えることができた。もし患者が左視野に提示されたものを知覚できないのなら、異同判断はできないはずである。そこでこの結果は、患者が潜在的に左視野に提示されたものを知覚していることを示していると解釈された(15)。

しかしこの解釈は飛躍がある。なぜなら、両視野に同時に提示されたとき、患者は左視野に提示されたものがはっきり見えなかったと仮定しよう。この場合、患者は左視野に見えたものの名前はいえないが、右視野に提示されたものとは別のものであることは判断できるかもしれない。このように考えれば、患者は見えないにもかかわらず、対象を知覚できたのだといった解釈、すなわち潜在的な知覚といった解釈は不要となる。

ところがその後、患者にはやはり潜在的な知覚能力があることを示す研究がバーチ（Berti, A.）らによって報告された(16)。彼らは消去現象を示す患者に、一対の写真を左右視野に同時に提示して、異同判断を求めた。その写真の組み合わせは、同じ物品を異なる方向から撮影した二枚の写真や、違う種類のカメラのように、品物の用途としては同じだが、外見が異なる二つの物品の写真が用いられた(図4)。このような写真の場合にも、患者は左右の視野に提示されたものは同じものだと判断した。先に述べたように、もし左視野の像の不明瞭さが潜在知覚の原因であるとすれば、このような結果にはならないはずである。外見が異なる二つの物品であれば、おそらく患者は異なるものと判断しただろう。しかし、実験結果はその反対だった。それゆえ患者は、両視野に同時に提示されたとき、意識のレベルでは左視野の物品を知覚できなかったが、潜在的な無意識のレベルではその内容を把握していたことになる。

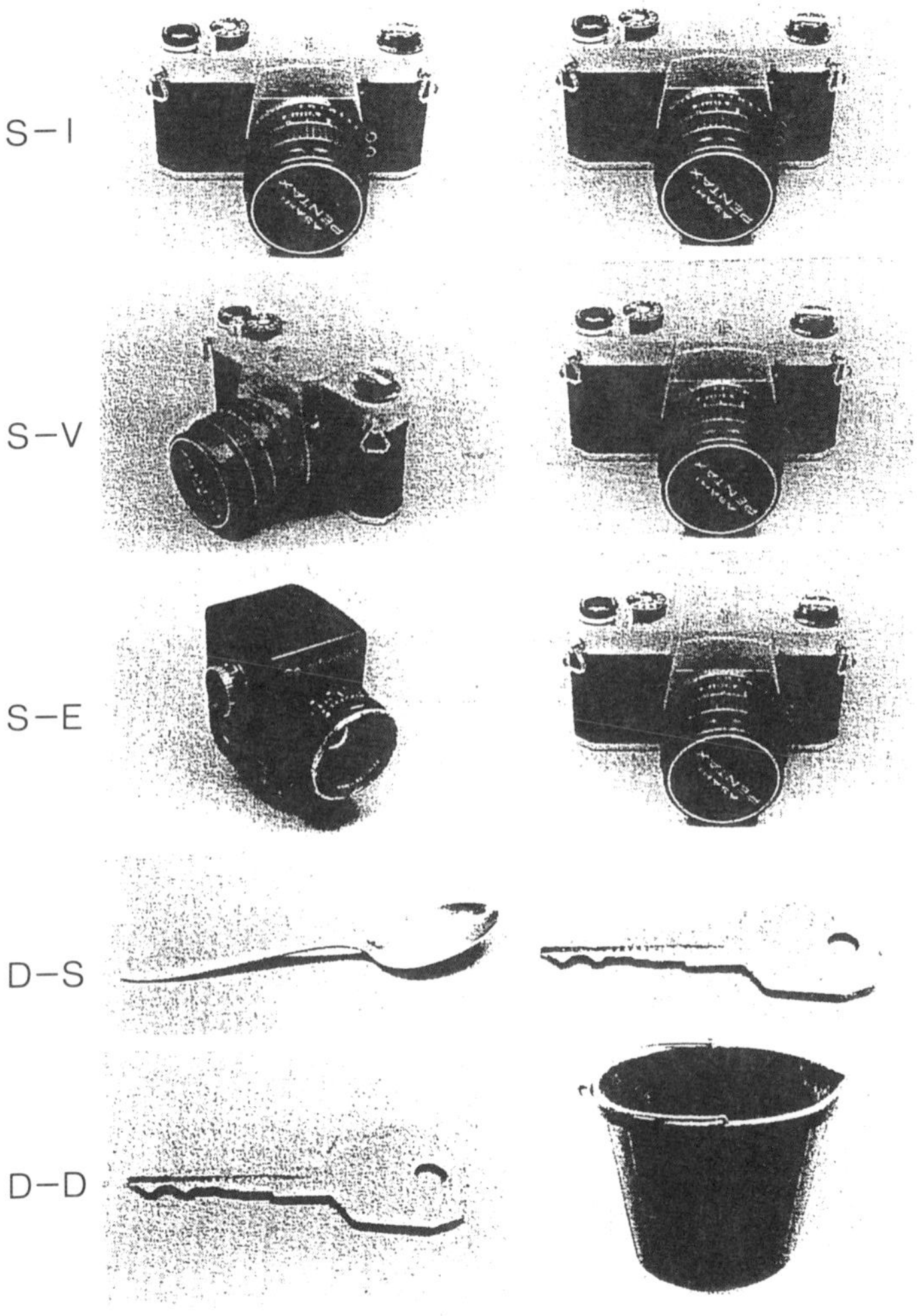

図4　バーチらの実験で用いられた刺激。S－I：同じ形で同じ物品の組み合わせ。S－V：撮影方向が異なる同じ物品。S－E：異なる形だが，機能が同じ物品。D－S：形が似ているが異なる物品。D－D：形が違う異なる物品（Berti *et al.*, 1992）[16]

相貌失認患者の潜在知覚

相貌失認

潜在的な知覚能力は、半側空間無視や消去現象の患者だけに限らず、相貌失認の患者でも報告されている。相貌失認（prosopagnosia）とはボダマー（Bodamer, J.）の命名による用語であり、顔だけが認知できなくなる障害をさす[17]。

ボダマーが報告した患者Sは相手の顔を見ても誰だかわからなかった。たとえば、自分の母親に会っても誰だかわからず、病院のスタッフの区別もつかなかった。顔の表情を読み取ったり、男女の区別もできなかった。このため、衣服や帽子、ひげなどを手がかりにして判断するしかなかった。鏡に映った自分の顔を絵と間違えることもあった。さらには、ウサギの顔が人に見えたり、毛の長いイヌを見て、おかしな髪の毛をした人だと思った。

相貌失認の病巣は右半球の後頭葉と側頭葉の中間付近と考えられているが、脳梁の損傷も重要とする意見もある。さらに重い相貌失認の場合は損傷が両半球にあったとする研究もある。

相貌失認患者の潜在知覚

顔を認知できない相貌失認の患者が、潜在的な無意識のレベルでは顔を知覚していることを示す報告がある。たとえば、バウアー（Bauer, R.M.）は相貌失認の患者に人の顔写真を見せながら、人名のリストを読みあげ、同時に患者の皮膚電気反応[18]（GSR）を記録した。その顔写真は患者が知っているはずの人物だったが、患者はそれが誰だかわからなかった。しかし、読みあげられた人名がその顔写真の人物と一致したとき、皮膚電気反応は大きな変動を示した[19]。

ダマジオ（Damasio, A.R.）らも相貌失認の患者が潜在的に人の顔を記憶していることを示している[20]。彼らの実験では、患者が知っているはずの人物の写真（家族や有名人）と、知らない人物の写真を混ぜて提示し、皮膚電気反応を計測した。すると患者が知っているはずの人物の写真に対しては、皮膚電気反応が大きな振幅を示した。ところが同じ写真を提示してその人物を知っているかどうかを評定させると、患者は知らないと答えた。つまり、意識レベルでは知らない顔だと答えたのに、感情にともなう生理的変化のレベル（皮膚電気反応）では知っていると反応していたのである。

その他、相貌失認の患者が潜在的なレベルでは顔を認知していることを示す報告は多数ある[21]。これらの知見は、健忘症患者の潜在記憶（7章）や皮質盲患者で示された盲視現象（6章）とともに、意識にのぼらない認知過程が行動に影響を及ぼすことを示した臨床的な症例として注目されている。

◆◆◆

半側身体失認

この症状も、おもに右半球の損傷で生じる身体意識の障害である。患者は、まるで自分の身体の左半分、つまり損傷を受けた大脳半球とは反対側の身体がないかのようにふるまう。レルミット(Lhermitte, F.) はこれを半側身体失認 (hemiasomatognosia、半側身体無認知ともいう) とよんだ。半側身体失認は左半球の損傷によっても生じることがあるが、この場合はその障害の程度は軽く、検査によってその障害が明らかになることが多い。エカーン (Hecaen, H.) によれば、半側身体失認は右半球損傷患者の二九%で見られたが、左半球損傷者では三%にすぎず、しかも軽度で一時的だった。[22]

半側身体失認は、意識的なタイプと無意識的なタイプに分類される。意識的なタイプの半側身体失認では、患者は自発的にあるいは問診に応じて「手がなくなってしまった」「手がどこかへいってしまった」などと、半身喪失感を訴える。[23] てんかんや偏頭痛で発作的に見られ、左右いずれの損傷でも生じるらしい。しかし、症例はきわめて少ないので、確かなことはよくわかっていない。

症例として多いのは無意識的なタイプの半側身体失認である。患者は身体の左半分に注意を向けない。日常生活では、患者は体の半分を忘れてしまったかのようにふるまう。たとえば、顔の半分しかひげを剃らない、メガネの左側をかけ忘れる、座るように求められると、尻の左半分は椅子からはみだしたままでいる、[24] その片方の足がベッドから裸のまま出ていても気にしない、半身を自発的に使おうとしないなど。このタイプの半側身体失認は、半側身体無認知とかパーソナル・ネグレクト (personal neglect) ともよばれる。

類縁症状

半側身体失認の患者はそのほかいろいろな類縁症状を示すことが知られている。

運動無視（motor neglect）　検査ではそれほど顕著な麻痺は認められないのに、患者は左手を使わない。両手を同時に挙げるように言っても、右手だけ挙げる。まるで左手はないかのようにふるまう。[25] 日常生活では、左側の手足を不自然な位置に放置したり、体位を変えるときに、置きざりにして、引きずる。拍手やボタンのかけはずしなど、両手を使う動作をさせると、左手を使わない。歩く際に左手をだらりとしたままだったり、左足を引きずるなどの不自然な動きを示す。一般的にいえば右半球損傷で多い。その病巣はさまざまである。運動無視は単独でも生じる可能性があるが、多くは半側空間無視のようなその他の無視症状をともなうことが多い。

触覚的な消去現象（tactile extinction）　これは患者の左右の手に別々に刺激を与えると、どちらの手でも刺激を感じることができるのに、左右同時に刺激を与えると、右手だけに刺激を感じる現象である。これも右半球損傷で多い。

感覚対側逆転（alloesthesia or allochiria）　身体に触刺激を加えると、実際に刺激が加えられた側ではなくて、反対側の体に刺激が加えられたと知覚される現象である。[26] 多くは右半球損傷後に出る。この場合、実際に与えられた刺激がもたらすはずの感覚とは異なる感覚として体験されることが多いといわれる。

半側身体失認の原因

半側身体失認が右半球損傷後に生じやすいことはすでに述べたが、その障害の基礎にあるのは何なのだろうか。

まず考えられるのは、患者は身体の半側に感覚障害があり、このために半側身体失認が生じるとする説である。しかし、感覚障害が関与していることは間違いないが、そのことが半側身体失認の原因であるとは考えにくい。なぜなら、感覚障害があっても半側身体失認を示さない患者が多数いるからである。

第二の説明は、患者は空間の左半分に注意を向けることができないために、半側身体を無視するのだというものである。つまり本質的な原因は注意の障害であるとする考えである。この説明は、右半球損傷患者ではしばしば左側の空間に注意が向かない症状、すなわち半側空間無視が見られることにもとづいている。しかし、この説明にも困難がある。なぜなら、半側空間無視を示す患者のすべてが半側身体失認を示すわけではないからである。(27)

半側身体失認と半側空間無視は、いずれもその病巣が大脳のローランド溝とよばれる裂け目の後ろ側、後頭葉と頭頂葉の境界部の下側領域にある。しかし、これら二つの症状は別個の障害であると考えられている。この問題については次節でさらに検討する。

◇◇◇ 無視症状の意味するもの

本章では、半側空間無視と半側身体失認という二つの無視症状について述べてきた。この不思議な症状に共通しているのは、どちらももっぱら右半球の損傷によって生じ、その反対側の空間あるいは身体を無視することである。しかもこの二つの症状は、併発する場合が多い。このことから、これら二つの症状はまったく関連のない別個の障害ではなく、何らかの共通する原因があると考えられる。

しかしすでに述べたように、一方の症状だけを示す患者もいる。このことから、両者は異なる障害であると考える人が多い。しかし、二つの症状が常に同時に生じるわけではないからといって、そのことから二つの症状は別個の障害であると結論することはできないだろう。むしろ、何らかの共通の原因があり、それによって半側空間無視や半側身体失認が生じると考えた方が自然である。そして何らかの条件のもとで、その両方が生じたり、あるいはどちらか一方だけが生じると考えるべきだろう。その条件が何かは今のところわからない。障害の重さかもしれないし、病巣の位置のわずかな違いかもしれない。複数の条件の組み合わせの違いといったものかもしれない。あるいは、脳には、身体に特異的な注意システムや、空間に特異的な注意システムといったものがあり、さらにそれらのシステムの働きをコントロールしている上位のシステムがあるのかもしれない。いずれにせよ、この二つの症状はもっぱら右半球の損傷によって生じる。それゆえ、無視症状の原因となるものが右半球に関係していることは間違いない。

患者の示す無視症状は、私たちの意識現象の重要な側面を伝えている。それは、(自分自身の身体も含めて)外界に存在するものが意識的に体験され、それが行動に関連づけられるためには、それを可能にする特別な働きが脳(おそらくは右半球)にあって、それが正常に機能する必要があるということである。半側空間無視を例にとれば、患者の視覚機能は正常であり、その意味では目が見える。しかしそれだけでは意識的な体験としての認知は成立しない。もうひとつの別の働き(つまり感覚情報を意識に結びつける働き)があって、そのおかげで私たちは目で見たものを意識し、それを行動の対象としたり、行動の背景として認識できるのである。しかも、目にしたものが意識にのぼらなかったといっても、それが私たちに何ら影響を及ぼさないかというと、けっしてそうではない。消去現象における潜在的知覚の研究から明らかにされたように、提示された視覚刺激が意識レベルで認知されなくても、その情報は脳内で確実に処理され、患者の認知判断を方向づけることがある。

■注

(1) たとえば、半側空間無視(hemi-spatial neglect)はvisual hemi-inattention(視覚的半側無視)、unilateral neglect(半側無視)、unilateral spatial agnosia(半側空間失認)などと記載されることもある。これは研究者によってこの症状の理解の仕方が異なるためである。

(2) 半側空間無視についての一般の読者向けの解説は、本田仁視『視覚の謎:症例が明かす〈見るしくみ〉』(福村出版、一九九八年)を参照のこと。

(3) Heilman, K.M. & Watson, R.T. 1977. The neglect syndrome : A unilateral defect of the orienting responses. In S. Harnad, R.W. Doty, L. Goldstein, J. Jaynes & G. Krauthamer (Eds.) *Lateralization in the nervous system*. New York : Academic Press. pp. 285-302.

(4) 数字の復唱は一時的な記憶力の検査としてよく用いられる。逆向性健忘とは、発症以前の事柄を忘れてしまう記憶障害、前向性健忘とは発症後に体験することを記憶できない障害。失語は話し言葉や言語理解の障害、失書は字が書けない障害、失行は運動行為の障害。手指失認とは指の区別ができない障害、失算は計算の障害。

(5) Bisiach, E., Luzzatti, C. & Perani, D. 1979. Unilateral neglect, representational schema and consciousness. *Brain*, **102**, 609-618.

(6) Ogden, J.A. 1987. The neglected left hemisphere and its contribution to visuospatial neglect. In M. Jeannerod (Ed.) *Neurophysiological and neuropsychological aspects of spatial neglect*. Amsterdam : Elsevier-North-Holland. pp. 215-233.

(7) Halligan, P.W. & Marshall, J.C. 1989. Two techniques for the assessment of line bisection in visuo-spatial neglect. *Journal of Neurology, Neurosurgery and Psychiatry*, **52**, 1300-1302.

(8) Mark, V.S., Kooistra, C.A. & Heilman, K.M. 1988. Hemispatial neglect affected by non-neglected stimuli. *Neurology*, **38**, 1207-1211.

(9) Corbetta, M., Miezen, F.M., Schulman, G.L. & Peterson, S.E. 1993. A PET study of visual spatial attention. *Journal of Neuroscience*, **13**, 120020-120026.

(10) Sprague, J.M. 1966. Interaction of cortex and superior colliculus in mediation of visually guided behavior in the cat. *Science*, **153**, 1544-1547.

(11) Stein, B.E. & Meredith, M.A. 1986. *The merging of the senses*. Cambridge : The MIT Press.

(12) Butter, C.M., Kirsch, N.L. & Reeves, G. 1990. The effect of lateralized dynamic stimuli on unilateral spatial neglect following right hemisphere lesions. *Restorative Neurology and Neuroscience*, **2**, 39-46. (cited in Rafal, R. 1998. The neurology of visual orienting : A pathological disintegration of development. In J.E. Richards (Ed.) *Cognitive neuroscience of attention : A developmental perspectice*. London : Lawrence Erlbaum Associates. pp. 181-218.)

(13) Halligan, P.W. & Marshall, J.C. 1994. Toward a principled explanation of unilateral neglect. *Cognitive Neuropsychology,* **11**, 167-206.
(14) 消去現象は半側空間無視の症状の軽いものなのか、それともまったく異なる障害なのかはよくわかっていない。しかし、一般には別の障害と考えられる。その理由のひとつは両者の病巣の違いにある。消去現象は頭頂葉の上部の障害で生じやすいが、半側空間無視は、頭頂葉下部や、頭頂葉と側頭葉の境目付近の損傷で多い。また消去現象は左右いずれの半球の障害でも生じる可能性があるが、半側空間無視はもっぱら右半球損傷で生じるといわれている。
(15) Volpe, B.T., Ledoux, J.E. & Gazzaniga, M.S. 1979. Information processing of visual stimuli in an extinguished field. *Nature,* **282**, 722-724.
(16) Berti, A., Allport, A., Driver, J., Dienes, Z., Oxbury, J. & Oxbury, S. 1992. Levels of processing for visual stimuli in an extinguished field. *Neuropsychologia,* **30**, 403-415
(17) Bodamer, J. 1947. Die Prosopagnosie. *Archives für Psychiatrie und Nervenkrankheiten,* **179**, 6-54.（本書では英文抄訳、Ellis, H.D. & Florence, M. 1990. Bodamer's〔1947〕paper on prosopagnosia. *Cognitive Neuropsychology,* **7**, 81-105を参照した。）なお相貌失認については、本田仁視『視覚の謎：症例が明かす〈見るしくみ〉』（福村出版、一九九八年）を参照されたい。
(18) 皮膚電気反応とはgalvanic skin response、いわゆるGSRという略称で知られている現象であり、さまざまな皮膚電気活動のうち、とくに皮膚電気抵抗の変化をさすことが多い。しかし最近はその意味があいまいなために、皮膚電気反応（GSR）という用語はあまり用いられない。
(19) Bauer, R.M. 1984. Autonomic recognition of names and faces in prosopagnosia : A neuropsychological application of the guilty knowledge test. *Neuropsychologia,* **22**, 457-469.
(20) Tranel, D. & Damasio, A.R. 1985. Knowledge without awareness : An autonomic index of facial recognition by prosopagnosia. *Science,* **228**, 1453-1454.
(21) de Hann, E.H.F., Young, A. & Newcombe, F. 1987. Face recognition without awareness. *Cognitive Neuropsychology,* **4**, 385-415 ; Young, A.W. 1994. Conscious and nonconscious recognition of familiar faces. In C. Umilta & M. Moscovitch (Eds.) *Attention and performance XV : Conscious and nonconscious information*

processing. Cambridge : The MIT Press. pp.153-178.

(22) Hecaen, H. 1972. *Introduction a la neuropsychologie*. Paris : Larousse.（文献（24）に引用）

(23) 石合純夫『高次神経機能障害』新興医学出版社、一九九七年。

(24) Denes, G. 1989. Disorders of body awareness and body knowledge. In F. Boller & J. Grafman (Eds.) *Handbook of neuropsychology*, Vol.2. Amsterdam : Elsevier Science Publishers. pp.207-228.

(25) Valenstein, E. & Heilman, K.M. 1981. Unilateral hypokinesia and motor extinction. *Neurology*, **31**, 445-448.

(26) Kawamura, M., Hirayama, K. Shinohara, Y., Watanabe, Y. & Sugishita, M. 1987. Alloaesthesia. *Brain*, **110**, 225-236.

(27) Bisiach, E., Perani, D., Vallar, G. & Berti, A. 1986. Unilateral neglect : Personal and extrapersonal. *Neuropsychologia*, **24**, 759-767.

4章　虚構の身体意識

病態否認

患者が自分の疾病を認めないことがある。このような現象は病態否認（anosognosia）とよばれる。この用語は、広い意味ではすべての疾病に用いられるはずだが、実際は脳の病変や損傷によって生じる疾病だけに用いる。さらに、疾病そのものではなく、患者が特定の神経学的症状を否認する場合に用いる[1]。

それらの神経学的症状とは、脳損傷によって生じた身体麻痺、視野障害、聴覚障害、言語障害（失語）などである。ここではそのなかから、二つの機能障害の否認をとりあげる。そのひとつは、身体の麻痺とくに片麻痺《へんまひ》（hemiplegia）とよばれる半側身体の麻痺の否認である。もうひとつは、大脳半球の視覚野の損傷によって生じる皮質盲、とくに片側の視野障害（半盲）の否認である。

◇◇◇ 片麻痺否認

片麻痺とは、脳の損傷によって生じた四肢の片側（右側あるいは左側）の麻痺をさす。これらの患者のなかには、片側の手足がまったく動かないのに、その事実を無視する人がいる。

このような患者についての初期の報告は、フランスの神経学者バビンスキー（Babinski, J.）によってなされた。彼は数人の片麻痺患者の様子について記載している。そのなかのひとりは身体の左側が麻痺した女性患者だった。この患者の知能や感情、言語能力は正常だった。しかし、

「これとは対照的に、ほとんど完全な片麻痺には気づいていないようだった。彼女はいまだかつてそれを訴えたことがなく、そのうえそれをほのめかすこともなかった。右腕を挙げるように言われると、その命令を即座に彼女は成し遂げた。しかし、左腕を動かすように言われても、彼女は動かさないで、沈黙をまもっており、言いつけが他の誰かに課されたかのようにふるまった[2]」。

別の女性患者も同様な症状を示した。

「彼女に自分が苦しんでいることを正確に述べるように求めると、背中が痛むとか、昔の静脈炎に

今なお苦しんでいると答えたが、上肢については、まったく動かないというのに、いささかも訴えなかった。彼女は指示された動作をすべて右側でおこなった。左腕を動かすように促すと、それに応じないか、さもなくば簡単に『はい、それはしてしまいましたよ』と言うだけだった。彼女の前で電気治療のことが討議されたことがあった。その診察の数日後に、彼女は医者に向かって次のようなことを言った。『いったい全体、どうして私に電気をかけようとなさるんですか？　私は麻痺などしていませんよ』と……[2]」。

バビンスキーは、このような症状を病態否認（あるいは病態失認）とよんだ[3]。

当然ながら、片麻痺の否認は検査者が患者に問いかけることによってはじめて明らかになる。患者は手や足が麻痺していて動かないにもかかわらず、「この手を挙げてください」「動かないことがわかりますか？」などの質問に対して、「動きます」と否認する。実際に歩行できなかったり、手を挙げることができなくても、患者は麻痺を否認する。動かない事実を突きつけられても、「腕が痛い」とか「疲れている」など別の理由を持ち出して、麻痺を認めようとしない。この様子について、バビンスキーは次のように記載している。

「右腕を高く挙げるように命じると、彼らはそれを正常の場合と変わりなく即座に挙げる。左腕で同じ運動を行うように言いつけたあとで、彼らにそれを行ったかどうかを尋ねると、彼らは沈黙を守っているか、さもなくば彼らの腕が動かないままであったのに、『しました』と答える。これらの患者のうちのある患者に対し、自分の腕を見てみろと促し、そして彼が与えられた命令を果たしてはいないということ、腕は動かぬままであることを観察させたのだが、彼はこの証明された事実に驚く様子もたじろぐようにも見えなかった。彼は、『こっちはあっちほど早く動かないんですよ』と答えてすましていた[4]」。

このような強い否定を示す一方で、麻痺以外の疾病については素直に認める。なお患者の麻痺した四肢は重い感覚障害をあわせもつことが多い。

片麻痺否認の原因

ある研究によれば、一〇〇例の片麻痺患者のうち、二八人が片麻痺否認を示した。否認はいずれの半球の損傷でも認められたが、右半球損傷例で多かったという[5]。右半球のなかでも前頭―頭頂部の損傷と考えられる。感覚障害も大きな要因となっていると思われる。また患者は多少とも記憶障害や感情の不安定さ（とくに多幸感など）、意識障害などを併発していることが多いので、これらも否認を引き起こす重要な要因となっていると考えられる。

研究者のなかには、麻痺を否定したい患者の心理的な防衛機制が原因であると考える人もいる。つまり、患者は麻痺を認め難く、そのためその事実を心の奥底に抑圧して、破局を回避しているのだというのである。(5) しかし、このような説明にも困難がある。盲と片麻痺を併発している患者のなかには、一方を否認して、他方を認める患者がいるからである。(6) また、右半球損傷の患者で片麻痺否認が多いこともうまく説明できない。ただし、心理的な要因が多少とも関与していることは否定できないと思われる。

類縁症状

片麻痺の否認とよく似た症状がいくつか知られている。これらは片麻痺否認とは症状の重さの程度が違うだけなのか、それともまったく異なる障害なのかは明らかでない。それらのいくつかを簡単に紹介する。

病態無関心（anosodiaphoria） 患者によっては自分の四肢が麻痺していることは認めるが、その重大さに無関心な者がいる。これは麻痺をまったく認めない片麻痺否認と区別して、病態無関心とよばれる。

身体パラフレニー（somatoparaphrenia） 麻痺した四肢を「これは自分の腕ではない」「他人の手が自分の体に乗っていて重い」などと主張する患者もいる。(7) 身体パラフレニーあるいは半身パラフレニーとよばれる症状である。(8) 患者は片麻痺を否認し、かつ麻痺した四肢について異常な判断を示す。「では、あなたの手はどれ?」という問いに対して、「家に置いて来た」「それは先生の手です」などと答える。(9) さらには、麻痺した上肢を独立した個体とみなし（人格化：personification）、麻痺した左手をかかげて「これは私の赤ちゃん」などと言う。[9] ニックネームをつけたり、あるいは玩具やペットとみなすこともある。

余剰幻肢（phantom supernumerary limb）第三幻肢（third limb）ともよばれる。麻痺した手のほかに、もう一本があるように感じる現象である。その手に運動感をもつ場合もある。

◇◇◇ 視覚障害の否認

大脳の後ろの部分には、視覚をつかさどる領域、すなわち視覚野がある。この部分に損傷を受けると、患者の視野のなかに見えない部分ができる。この部分を暗点とよぶ（2章三二頁参照）。損傷の状態によっては、暗点が視野全体を占めることがある。このような視覚障害は、皮質盲（cortical blindness）とよばれる。

一九世紀末、アントン（Anton, G.）は三例の特異な症例を発表した。そのうちの二人は脳損傷によって聴覚障害を引き起こした患者であり、もうひとりは視覚障害をきたした患者だった。不思議なことに、これらの患者は自分たちが耳が聞こえないことや、目が見えないことに気づいていなかった。このアントンによる報告以来、自分が聾や盲であることがわからない状態を指してアントン症状（Anton's syndrome）とよぶようになった。[9] その後同様な症例がいくつか報告されたが、それらは聴覚障害よりも視覚障害に関したものがはるかに多い。

患者の示す症状にはあまり個人差がない。エカーン（Hecaen, H.）らは次のように述べている。[10]

「患者は自分が盲であることを認めようとしない。まるで目が見えるかのようにふるまう。実際はそうではないことは明らかなのに、それでもそのようにふるまう。患者は目が見えないためにうまく歩けなかったり、生活に支障をきたしたり、足もとの障害物にぶつかって怪我をすることがあっても、自分が盲であることを受け入れようとしない。このような症状は一時的なもので、数時間あるいは数日間で終わるが、一生つづくこともある。患者が自分の抱えた障害に対して何ら不満をもたず、盲に対して無関心であることから、病態失認であることが明らかになることもある。視覚障害を言い逃れるために、患者は照明が足りないとか、メガネが合っていないとか、目にほこりが入ったなどといいわけをする。患者によっては、相手は自分のことを視覚障害ではないかと疑っているにちがいないと怒りを現す。視覚的な幻覚があるために、盲の否認がますます増長されることもある[10]」。

大橋はアントン症状を呈した患者の様子を次のように報告している。[11]

「（患者の主症状は）頭頂・後頭葉を中心とする両側性の広範な脳萎縮による皮質盲とアントン症状である。明暗の判別可能な程度の失明状態にあり、記銘障害、作話傾向がある……。自己健忘および右片麻痺についてはある程度の反省が可能であるが、盲目状態についてははなはだ無関心、というよりはむしろあからさまに明視（よく見えること）を主張する。医師に対しても『今日はネクタイをしていませんな』とか、『今日は赤いネクタイをしてますな』などと言い、物体や検（査）者の顔を示させると、虚空（全然違った場所）をさす[11]」。また別の患者は、「眼前にランプを灯したり、針を近づけたりしても反応せず、しかも検（査）者の顔はよく見えると主張し、また時に『ああ、きれいだなあ』などと風景などの幻視を述べる[11]」。

患者は作話傾向を示すことが多い。なかには、認知できないはずの物品の様子についてまるでそうすることを自制できないかのように話し出す者もいる。言葉ではっきりと盲を否認することもあるが、そうでないこともある。ある患者は、検査中は盲であることを認めたが、その後で「今は夜で、この部屋には明かりがない」とか「私は今暗い地下室にいる」といいわけした[12]。

盲の否認の原因

なぜ患者は自分の目が見えないことを否定するのだろうか。アントンは患者の脳を調べたところ、両側の頭頂─後頭領域に脳軟化症が生じているのを見出した。そのため彼は、盲の否認は、脳の視覚系とその他の領域とが離断されたために生じたのではないかと考えた[9]。つまり視覚野の損傷によって、外界の視覚情報を正しく受け入れることができなくなっているのに、そうした異常な状況を脳が正しく評価できなくなっていると考えたのである。

しかし、それだけが原因ではないというのが一般的な見解である。盲の否認を示す患者は、記憶障害や意識障害などを併発していることが多い。盲の否認にはこのような併発障害が関係している可能性がある。

さらに、視覚野の損傷によって患者の脳は視覚刺激から遮断された状態にある。このような状況では、脳は自発的に視覚イメージを生み出し、それに意識低下などが加わって、患者は自分が何かを見ているような錯覚に陥っている可能性がある。つまり、多くの視覚障害者が幻視を体験するように（2章参照）、患者は幻視を見ており、意識低下や知能の低下なども加わって、それを盲の否定と結びつけているというわけである[10]。さらに記憶障害の患者のなかには事実とは異なることを口にする者がいるが、これは作話とよばれる。盲の否認を示す患者のなかにも、強迫的な作話傾向を示す患者がいることが知られているので、このような患者では記憶障害が強く関係しているのかもしれない。いずれにせよ盲の否認は、幻視や記憶障害、患者の感情状態などの複数の要因が関与しているというのが一般的な見解となっている。

半盲患者の補完現象

皮質盲で病態失認を示す患者は、眼が見えないことを指摘されても、それを否定したり、もともとある近視や老眼のせいにする。つまり病識がない。このような視覚障害の否認は、半盲（hemianopia）の患者、すなわち視野の半分が見えなくなった患者においても多数報告されている。この場合、その症状は半盲に対する病態失認（asomatognosia for hemianopia）とよばれる。
そもそも大脳性の半盲患者においては、視野の半分が見えないことを正しく認識している者はむしろ少ないといわれている。「視野の半分が見えにくい」とか「こっちの眼（半盲側）が見えなくなった」と訴える患者の場合には明確な病識があるといえる。しかし、たとえばある患者は、実際は相手の顔の半分しか見えなくても、「半分しか見えない」とは訴えない。[7] その理由のひとつは、患者は眼を動かすことによって、見えない視野にあるものを、正常な視野に移すことができるためと考えられる。別の理由としては、視覚における補完現象が考えられる。この補完現象とは、まとまりのある図形を正常な視野と見えない視野（視野欠損部位）にまたがるように提示すると、一部が欠けることなく全体が見える現象をさす。[13]
ワルシ（Walsh, K.）によれば、第一次世界大戦当時から、脳の後頭葉領域に損傷をもつ患者が、さまざまな検査で補完（completion）とよばれる現象を示すことが知られていた。「半盲のある患者に一点を固視させ、物体の半分だけが描かれているようなカードを見せる検査がおこなわれたが、その時半分だけ描かれている絵の部分と空白部分の境界が、患者の残存視野と欠損視野の境界と一致していると、患者は完全な物体が見えると答えることがある（図1）。……同様に検者が顔の一部を紙で被っていても、半盲患者は検者の顔が全部見えると言う場合もある」。[6]
健常者においても、眼の盲点には視覚機能がないにもかかわらず、意識のうえではそこが空白の領域とは見えない（2章参照）。これと同じ原理が半盲患者の補完現象で生じているのかもしれない。

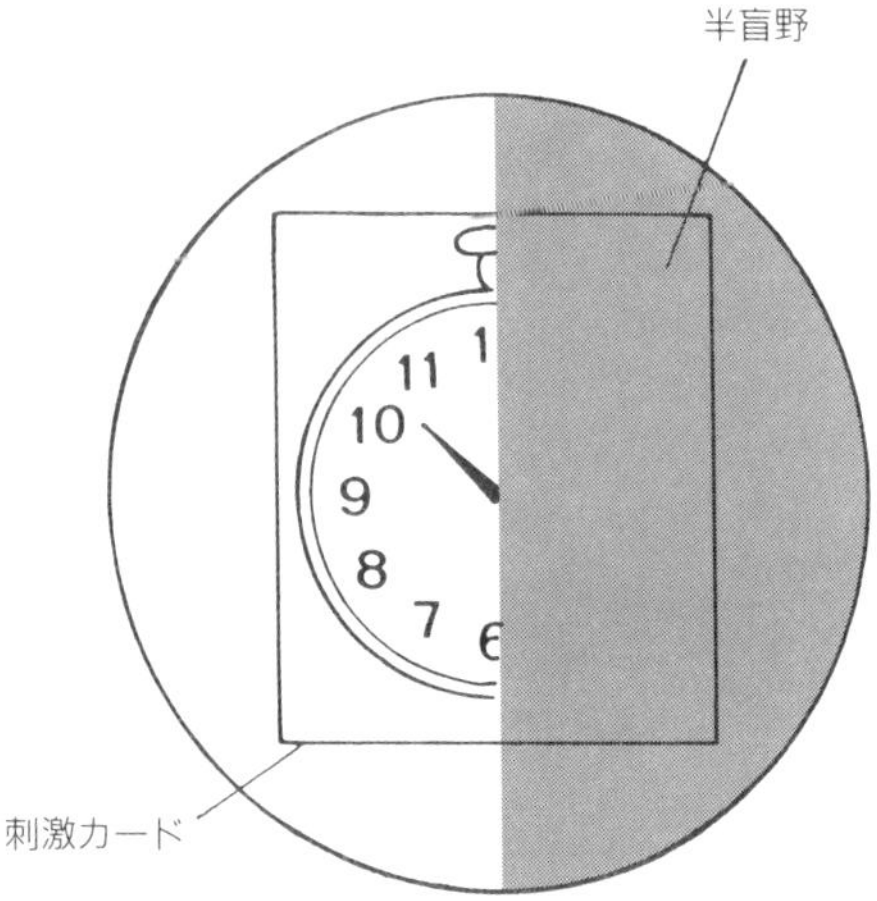

図1　補完現象を示すための刺激図版とその提示方法（Walsh, 1994）[6]

キング（King, E.）は、補完現象を起こすうえで、不完全な図形と完全な図形のもつ効果はまったく同じであったことから、補完現象を視野欠損部位に残る残存視覚機能によっては説明できないとしている。[14]

また、一般に盲を否認する患者では、後頭葉よりも前方の病変をもつことが多い。ワリントン（Warrington, E.K.）は、補完現象は頭頂葉にも損傷がある患者で多く体験されると述べている。[13]

◇◇◇ 病態否認の発生機序とその意味

発生機序

病巣の違い

病態否認の原因についてもう一度考えてみよう。片麻痺否認は左右半球いずれの損傷でも生じる可能性があるが、右半球損傷で生じる割合が多い。その病巣は前頭—頭頂葉部位とされる。さらに、感覚障害や記憶、感情、意識障害が関与しているとされる。一方、皮質盲の否認は、両側の頭頂—後頭葉部位の広範な損傷に加えて、記憶障害や意識障害を併発していることが多い。半盲の否認の場合も病巣は後頭葉から頭頂葉におよんでいることが多いという。また、左半球か右半球かはあまり重要でないとされる。

このように、これら二つの病態否認の原因は、一部共通するところがあるが、明らかに異なるところもある。たとえば病巣の側性（右半球か左半球か）の問題もそのひとつである。片麻痺否認は右半球損傷で多い。これに対して、視覚障害の否認においては、両半球損傷による皮質盲の場合は当然のこととして、半盲の否認の場合も、病巣がどちらの大脳半球にあるかはさほど問題とはならない。

右半球の特殊機能　片麻痺否認が右半球損傷で多いという事実は、半側空間無視や半側身体失認などの無視症状が右半球損傷患者で多いという事実を思い起こさせる（3章参照）。このことから、片麻痺否認の発生機序は無視症状のそれと似ているのではないかと思われる。つまり、無視症状の場合と同じように、片麻痺否認は、右半球の特殊化された機能がこわれたことによって生じたと考えられる。その機能とは、身体の病状を自分自身にかかわることとして意識させる高次な認知機能のようなものと思われる。さらに感覚障害や記憶障害、意識障害などをともなうことによって、患者の片麻痺否認はより強められ、確信的な形で現れるのではないかと考えられる。

刺激入力の欠如　これに対して皮質盲や半盲における病態否認は、大脳皮質視覚野の損傷による視覚入力の欠如が重要な要因になっていると思われる。アントンが示唆したように、視覚入力の欠如を脳が誤って解釈していることが、病態否認の生起に関係しているのではないだろうか。おそらくそのような誤った解釈は、患者が後頭葉の視覚野だけでなく、隣接する頭頂葉などの部位にも損傷を受けていることによって起こるのだろう。さらに患者が記憶障害や意識障害を併発していることによって、そうした誤った解釈がさらに促進され、維持されることになるのではないだろうか。もしそうだとすると、視覚障害の否認の発生機序は、幻肢や幻視のそれと似た面をもつと考えられる。ただしこの場合にも、片麻痺否認の場合と同じように、病状を自分自身にかかわることとして意識させる何らかの高次機能が障害を受けている可能性が考えられる。

心理的防衛機制　このように、片麻痺否認と視覚障害の否認の発生機序にはたしかに違いがあると考えられる。その一方で、患者が病態を否認することの心理的な意味は同じであるように思われる。いずれの場合も病態を否認する患者の行動は、抜き差しならない機能障害に直面した自分が破局に至らないようにするための心理的な防衛機制を反映している。つまり、自分は心理的にも身体的にも過不足ない完全で正常な個体であるという虚構を作りあげており、それを他人に認めさせようとする。こうした解釈の仕方は、精神力動的、あるいは精神分析学的な説明といわれるものである。患者の症状を考えるにあたっては、このような観点も重要であることはいうまでもない。

病態否認の意味するもの

しかし、このような精神力動的な〃物語作り〃をする必要はないかもしれない。むしろ、意識の本来の性質として病態否認を考えることも可能だろう。すなわち、意識（あるいは脳の働きといってもよい）は、その一部に何らかの欠陥が生じたときに、その欠陥を補う形で再編成され、あらたに完結した意識の統合体として機能しはじめる性質をもっているということだ。それは、幻肢や幻視（1・2章）、さらには無視症状（3章）の生成機序とも共通した、意識の特性といってよいかもしれない。

さらに、もう少し別の角度からみなおすと、病態否認は私たちの意識活動を支える基本要件を示すものとしてとらえることができる。その基本要件とは、私たちが正常な精神生活を営むためには、自分の身体に生じた機能障害（より正確にいえば、神経学的機能障害）を自覚させる心の働きが必要とされるということである。目が見えないということ、あるいは片手が麻痺して動かないということ、それらはまぎれもなく自分の体に生じているのであり、それに対して関心をもつ必要があるのだということを本人に知らせるための、何らかの心の働きが必要なのである。そのような心の働きは心理学や精神医学で〃自我〃とよばれてきたものと考えることができる。

■注

（1） Poeck, K. 1982. *Klinische Neuropsychologie.* Stuttgart.: Georg Thieme Verlag.（波多野和夫訳『臨床神経心理学』文光堂、一九八四年）

（2） Babinski, J. 1914. Contribution a l'etude des troubles mentaux dans l'hemiplegie organique cerebrale

[Anosognosie]. *Revue Neurologique*, **22**, 845-848.（遠藤正臣訳『精神医学』二〇巻八号、九一三―九一六頁、一九七八年）訳文はわかりやすくするために若干表現を変えた。

（3）この名称は明らかに不適切である。なぜなら、バビンスキーが報告したのは片麻痺を否認する患者だったが、病態否認という名称は、視野障害や記憶障害などの否認についても用いることができるからである。あえてこの用語を生かせば、片麻痺の病態否認（anosognosia for hemiplegia、あるいは片麻痺失認）となる。

（4）Babinski, J. 1918. Anosognosie. *Revue Neurologique*, **25**, 365-367.（遠藤正臣訳『精神医学』二〇巻八号、九一六―九二〇頁、一九七八年。なお遠藤によれば、ここで訳出された論文（2）（4）は、パリ神経学会の一九一四年六月一一日、一九一八年一二月五日の集会で発表されたものである。）

（5）Nathanson, M., Bergman, P.S. & Gordon, G.G. 1952. Denial of illness. *Archives of Neurology and Psychiatry*, **68**, 380-387.

（6）Walsh, K.W. 1994. *Neuropsychology : A clinical approach*. London : Longman.（河内十郎・相馬芳明監訳『神経心理学：臨床的アプローチ』医学書院、一九九七年）

（7）石合純夫『高次神経機能障害』新興医学出版社、一九九七年。

（8）パラフレニー（paraphrenia）とは、簡単にいえば分裂病性の妄想形成や幻覚を主体とした病態。精神医学者クレペリンの用語。

（9）山鳥重『神経心理学入門』医学書院、一九八五年。

（10）Hecaen, H. & Albert, M. 1978. *Human neuropsychology*. New York : John Wiley & Sons.

（11）大橋博司「『疾病失認』（または疾病否認）について」『精神医学』五巻二号、三一―三八頁、一九六三年。

（12）Gloning, I., Gloning, K. & Hoff, H. 1968. *Neuropsychological symptom in lesions of the occipital lobe and adjacent areas*. Paris : Gauthier-Villars.（文献（6）に引用）

（13）Warrington, E.K. 1962. The completion of visual forms across hemianopic field defects. *Journal of Neurology, Neurosurgery and Psychiatry*, **25**, 208-217.

（14）King, E. 1967. The nature of visual field defect. *Brain*, **90**, 647-668.

5章　身勝手な手

他人の手徴候とユーテリゼーション・ビヘィビア

自分の手は自分の意志に従って動く。手が勝手に動きだして、何かをしでかしてしまうといったことはあまり考えられない。ところが、脳に損傷を受けた患者のなかには、そのような奇妙な行動を示す人がいる。

このような症状は、大きく分けて二つのタイプに分類される。そのひとつは〝他人の手徴候〟であり、もうひとつは〝ユーテリゼーション・ビヘィビア〟とよばれる症状である。これらは表面上よく似ており、また併発することも多い。しかし、その障害をもたらす神経学的メカニズムには決定的な違いがあるように思われる。本章では、これらの神経学的症状に関する分析を通して、意識と行動の関係について考える。

◇◇◇ 他人の手徴候とは何か

他人の手徴候（alien hand sign）に関する最初の報告はゴールドシュタイン（Goldstein, K.）によるものとされる[1]。その女性患者は右半球疾患により、左半身に軽度の麻痺をきたした。ただし、日常生活ではさしたる障害とはならなかった。患者の示した症状のなかでもっとも目立ったのは、左手が勝手に動き出すことだった。

「身体のあらゆるかゆい部分をかきむしったり、鼻をつまんだり、ビールのジョッキをとろうとした。左手が彼女の喉をつかみ、締め上げることもあった[2]」。

このため患者は右手で左手を叩いたり、まるで子どもをなだめるように、静かにするようにお願いしたりして、左手の動きを止めようとした。患者には左手のふるまいが、自分のしていることとは思えなかった。

「『その手のなかには悪い心が宿っている』『その手は異常だ。好きなことをやっている』とたびたび患者は訴えた[2]」。

ゴールドシュタインはこのような症状を自発運動（Spontanbewegungen）とよんだ。その後同様な症例がいくつか報告されるようになり、この症状は他人の手徴候とよばれるようになった(3)。

症例

別の例を紹介する(2)。その女性患者はくも膜下出血を起こし、手術による治療を受けた。その後左片麻痺が生じ、数日間発話障害が見られた。その頃から患者は、自分の左手が勝手に動き出して、近くにあるにものをつかんだり、自分の意志に従おうとしないと訴えた。

「たとえば、あるとき夕食をとっていたら、左手が食べ残しの魚の骨をとって彼女の口にむりやり押し込んできた。またあるとき右手で皿を洗っていたら、左手が別の皿をしっかりつかんで離さないために、仕事ができなくなった。患者には左手が自分とは別の意志をもっているように思えた。しかし、その左手が自分の手であることは疑う余地がなかった(2)」。

このように左手が勝手に動き出すことはあっても、患者の意志に従うことはなかった。さらに患者の左手は〝運動保続〟とよばれる症状も示した。これは同じ動作を何度も繰り返す症状である。

「たとえば足を掻くのをやめなかったり、繰り返し指で机の上を叩きつづけた……。彼女はいうことをきかない左手を叱ったり、右手で押さえながらその動きを止めようとした。さらに患者は左足も自分のいうことを聞かないと訴えた。たとえば歩行中、左足は足を上げる代わりに、下に押し付けようとするのだった[2]」。

いわば他人の足(alien foot)ともいえる症状だった。

他人の手徴候はなぜ生じるのか

他人の手徴候は、左右半球をつなぐ脳梁とよばれる部分が機能的に切断されることによって生じる一過性の症状と考えられてきた。

脳梁切断によって他人の手徴候がみられたとする報告では、そのほとんどが右手利き患者であり、その場合、他人の手徴候は左手で生じる。このため、他人の手徴候は、左手の運動を支配する右半球の第一次運動野と、左半球にある行為中枢(適切な運動を指示する場所)が分離したことによって生じると考えられた[4]。しかし、右手利きの患者なのに、他人の手徴候が左手ではなく右手に現れたという報告もある[5]。これは先の説明には合わない。また、先天的に脳梁が欠如している患者で、他人の手徴候が現れたとする報告はない。このため、脳梁切断だけで他人の手徴候が現れるとは考えにくい。

現在では、他人の手徴候は脳梁の損傷に加えて、補足運動野(supplementary motor area)とよばれる部位の損傷が重なることによって生じると考えられている(図1)。

補足運動野は行為生成に重要な役割を果たしており、とくに自発性の運動開始を促す働きをしていると考えられている。[7] この部位を切除すると、その反対側の手足の運動が緩慢になったり、異常な行動が現れる。ローランド（Roland, P.E.）らは、運動遂行中の脳の血流変化を調べたところ、指の複雑な運動によって補足運動野の血流が増加することを見出している。さらに実際に運動をおこなわなくても、運動をイメージするだけで補足運動野の血流の増加が認められた。[8]

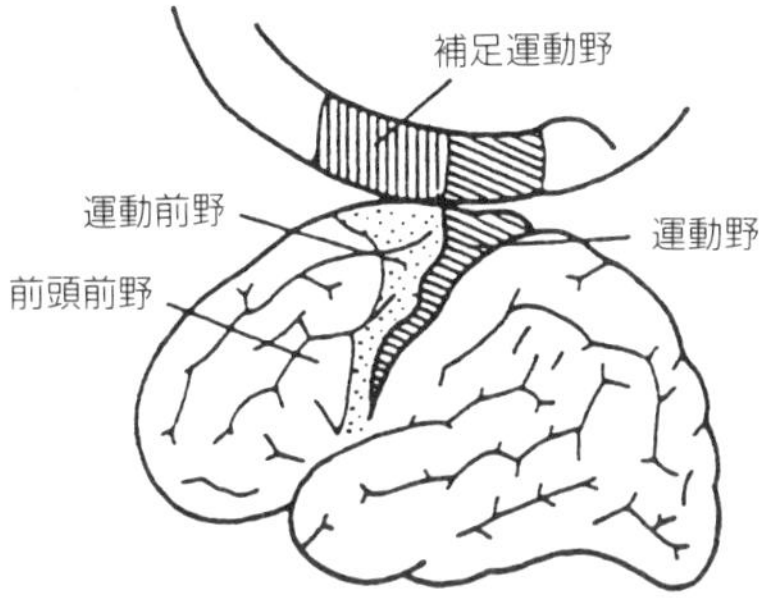

図1 補足運動野のある場所。補足運動野は大脳の内側面，すなわち両半球が接している面にある（丹治，1988）[6]

またブリンクマン（Brinkman, C.）は、サルの補足運動野を切除すると両手の協調運動に障害が出ることを見出している。[9] たとえば図2のように、透明な板にあけた穴のなかに入っている餌をとらせると、普通は一方の指で押し出して、それを他方の手で受けとる動作が見られるが、補足運動野を切除されたサルは、両手の指で反対方向から餌を押し出そうとするために、餌を取るのに失敗してしまう。このような症状は、とくにサルの利き手ではない方の手を支配している大脳半球側にある補足運動野を切除した場合に見られたという。この結果は、補足運動野が両手を協調させて動かす必要のある動作にとって重要な役割を果たしていることを示している。

これらのことから、他人の手徴候は、補足運動野の損傷

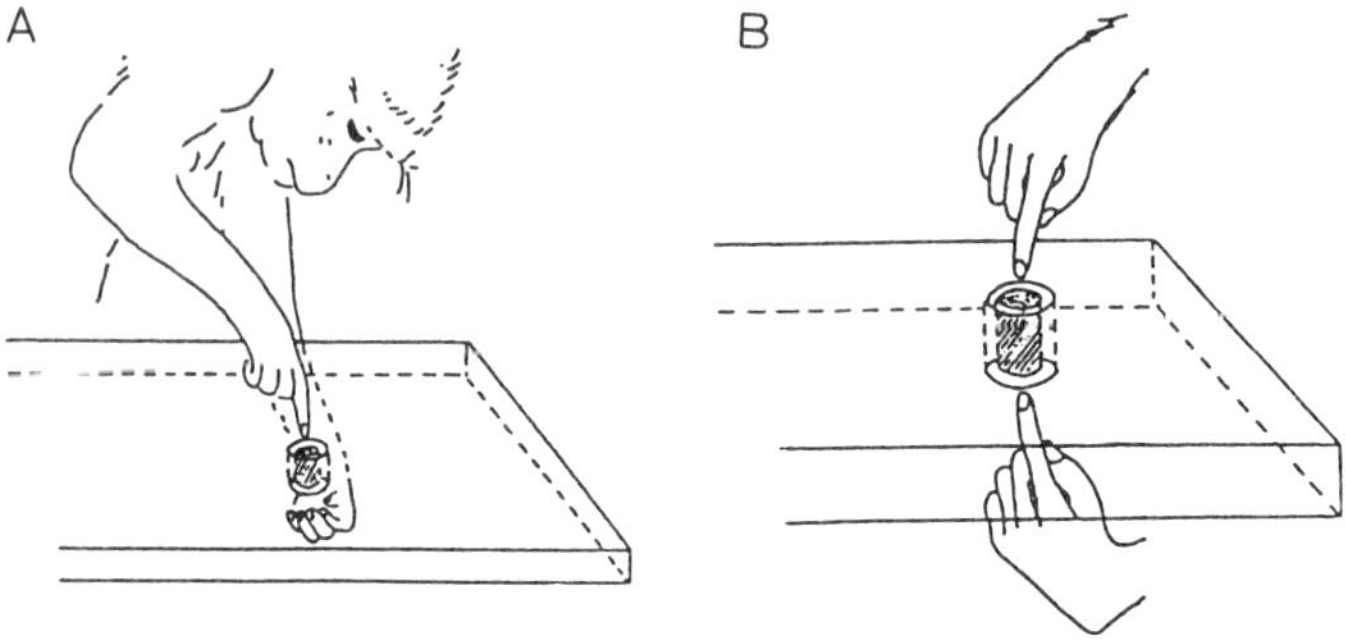

図2　両手を使った餌の取り出し行動。A：補足運動野の切除前。B：補足運動野の切除後（Brinkman, 1984）⑨

によって両手の協調運動がうまくできなくなることによって生じると考えられる。さらにこれに脳梁の損傷が加わると、左右半球にある補足運動野（およびその他の運動制御に関連する領域）の間での連絡が断たれるために、両手の協調運動はますます困難になるのであろう。

このようなわけで、他人の手徴候は、補足運動野の損傷による両手の協調運動プログラミングの障害と、両半球間の連絡が部分的あるいは全体的に断たれることが原因であると考えられる。一方、脳梁切断だけでも他人の手徴候が現れたとする報告もある。それが事実であるなら、補足運動野の障害は、他人の手徴候を引き起こすための絶対条件ではないことになる。しかし詳細に調べると、脳梁切断だけの場合と、脳梁切断に加えて補足運動野にも損傷があった場合とでは、患者の示す症状に違いがあるらしい。つまり、前者の場合には他人の手徴候は一時的で回復が早いが、後者の場合はどちらかといえば慢性的な症状であるとされる。このため、同じように〝他人の手徴候〞とよばれても、症例によってそれをもたらす神経学的しくみは若干異なるのかもしれない。

患者はどのように感じているのか

右に紹介した症例に記載されたように、〝他人の手〟は患者を大いに困惑させる。それは普通の日常生活を営むうえで、たびたび障害となる。たしかに、患者が勝手に動き出す〝他人の手〟を受け入れ、それとともに生きていくことを学んでいくことも多い。しかし、場合によっては患者を脅かすことさえある。ある患者は、寝ている間に自分の左手が自分の首を絞めるおそれがあったために、安心して寝ることができなかった[10]。

すでに述べたように、多くの場合患者は〝他人の手〟を自分の手であると認めている。しかしながら、それでも患者は複雑な心境にある。たとえば最後に紹介した症例の患者は、勝手に動き出す自分の左手を「それ（it）」とよんでいた。ゴールドシュタインの報告した患者は「その手のなかには悪い心が宿っている」と訴え、いうことをきかない左手を、まるで子どもに言うようになだめたり、叩いたり、叱りつけた。患者のなかには〝他人の手〟に名前をつける者がいる。極端な場合、けっして自分の手とは認めない者もいる。また自分の手は他人によってコントロールされていると信じきっている者もいる[11]。このように、患者が〝他人の手〟を非人格化する程度は、症例によってさまざまであるといえる。

◇ ◇ ◇ ユーテリゼーション・ビヘィビア

視覚的あるいは触覚的に提示された物品を、患者が思わず手にして、使用してしまう症状である。専門家の間では"utilization behavior"とよばれることが多い。この用語の適切な邦訳はない。そこで、本章では、英語の読みをそのまま用いて、ユーテリゼーション・ビヘィビアという用語を用いることにする。

レルミットの報告

ユーテリゼーション・ビヘィビアについての報告は、レルミット（Lhermitte, F.）に始まる。彼は前頭葉に損傷のある患者の手が、一連の誘導操作によって特異な動作を示すことを見出した。[12]

彼はまず患者の手のひらを刺激した。すると患者は反射的に握りかえした。次にその手に物品を触らしてはすぐに引き離すことを繰り返し、その後で、遠方から物品をゆっくり患者の方向へ近づけていった。すると患者はごく自然にその物品を手にとった。このような方法で、たとえば一方の手にコップを、他方の手に水差しをもたせると、患者はしばらく当惑した様子をみせた後、（検査者は何も要求していないのに）コップに水を注ぐ動作を示した。

さらにレルミットは、同様の動作が視覚刺激だけでも誘発されることを認めた。[13] これらの動作は、強迫的に生じるといったものではなく、一瞬のためらいのあとでごく自然な形で生じるように見えた。

シャリスらの報告

レルミットの患者のユーテリゼーション・ビヘイビアは、特殊な誘導操作によって誘発されたものである。これに対してシャリス（Shallice, T.）らは、そのような誘導操作がなくてもユーテリゼーション・ビヘイビアが引き起こされた症例を報告している(14)。

「患者は五二歳の男性で、急に異常な行動を示したために病院につれてこられた。ある朝、彼は他人の靴をはき、口にコインを入れ、見えない何かをつかもうとするような動作をしていた……。彼は家のなかを歩き回り、家具を動かしたり、戸棚を何度も開け閉めしたり、あるいは電灯をつけたり消したりした……。

彼には精神障害の病歴はなかった。検査の結果、とくに目立った神経学的症状はなかった。ただし、小用を自制できなかった。黙りこくっていて、質問以外には答えなかったが、言語指示には従うことができた。言語障害もなかった。しかしCTスキャンの結果では、左右の前頭葉下部に損傷が認められた……。

半年後、病状はやや改善した。とくに小用は自制できるようになった。しかし退院はできなかった。というのは、彼をひとりにしておくと大変危険だったからである。たとえば、ティーバッグを目にすると彼はお茶を入れつづけた。また、蛇口をたえず開け閉めしたり、飾りもので遊んだり、ドアを開けては閉じることを繰り返し、さらには孫のおもちゃで遊びはじめるというように、まるで子どものようにふるまったからである」[14]。

ユーテリゼーション・ビヘイビアはなぜ生じるのか

すでに述べたように、ユーテリゼーション・ビヘイビアは前頭葉に損傷をもつ患者で見られる。では、なぜ前頭葉損傷がユーテリゼーション・ビヘイビアのような症状をもたらすのだろうか。レルミットによれば、視覚刺激や触覚刺激などの環境刺激は、頭頂葉を活性化して、それをつかんだり、使用したりする行動を誘発する。しかし、普通は、前頭葉がそれを調整し、抑制しているために、ユーテリゼーション・ビヘイビアは生じない。前頭葉に損傷があると、そのような調整・抑制機能が不調になるためにユーテリゼーション・ビヘイビアが生じる。

さらにレルミットは、ユーテリゼーション・ビヘイビアはいわゆる環境に依存した症状であると考えた。つまり、目の前に物品があると、患者はそれを使用しなさいとは指示されていないにもかかわらず、その場の状況から、それを使用することが期待されているかのようにふるまってしまうというのである。しかし、レルミットの検査場面自体が、患者に道具の使用を促すような特殊な場面であった。そこでシャリスらはこの点を検討するために、検査場面を統制した実験をおこない、ユーテリゼーション・ビヘイビアは、レルミットがいうように環境からの役割期待として生じるのではないことを示した。

シャリスらは認知心理学的な情報処理モデルによってユーテリゼーション・ビヘィビアを説明している(図3)。シャリスらによれば、視覚刺激が提示されると、それにあった適切な行動が、なかば自動的に遂行されるようなしくみが脳内に備わっている。しかし、まったく新しい課題状況や、課題要求がはっきりしない場合などにおいては、これらのしくみだけでは誤った判断をしてしまうおそれがある。そこで、そのような場面においても、状況を正確に把握して適切な行動がとれるように、これらのしくみの働きを監視し、コントロールするシステムが必要とされる。そのようなシステムをシャリスらは監視注意システム(supervisory attentional system)とよんだ。

シャリスらによれば、ユーテリゼーション・ビヘィビアはこの監視注意システムがこわれたことによって生じる。そのため患者は、目の前にハサミと紙が置かれると、そうすることを要求されていないにもかかわらず、それらを手にとってハサミで紙を切ってしまう。いうまでもなく、この監視注意システムは前頭葉の機能と考えられている。

◇類似現象◇

脳の損傷によって生じる手の異常行動は、右に述べた他人の手徴候やユーテリゼーション・ビヘィビア以外にも、いくつか知られている。それらが互いに明確に区別される症状であるかどうかに関し

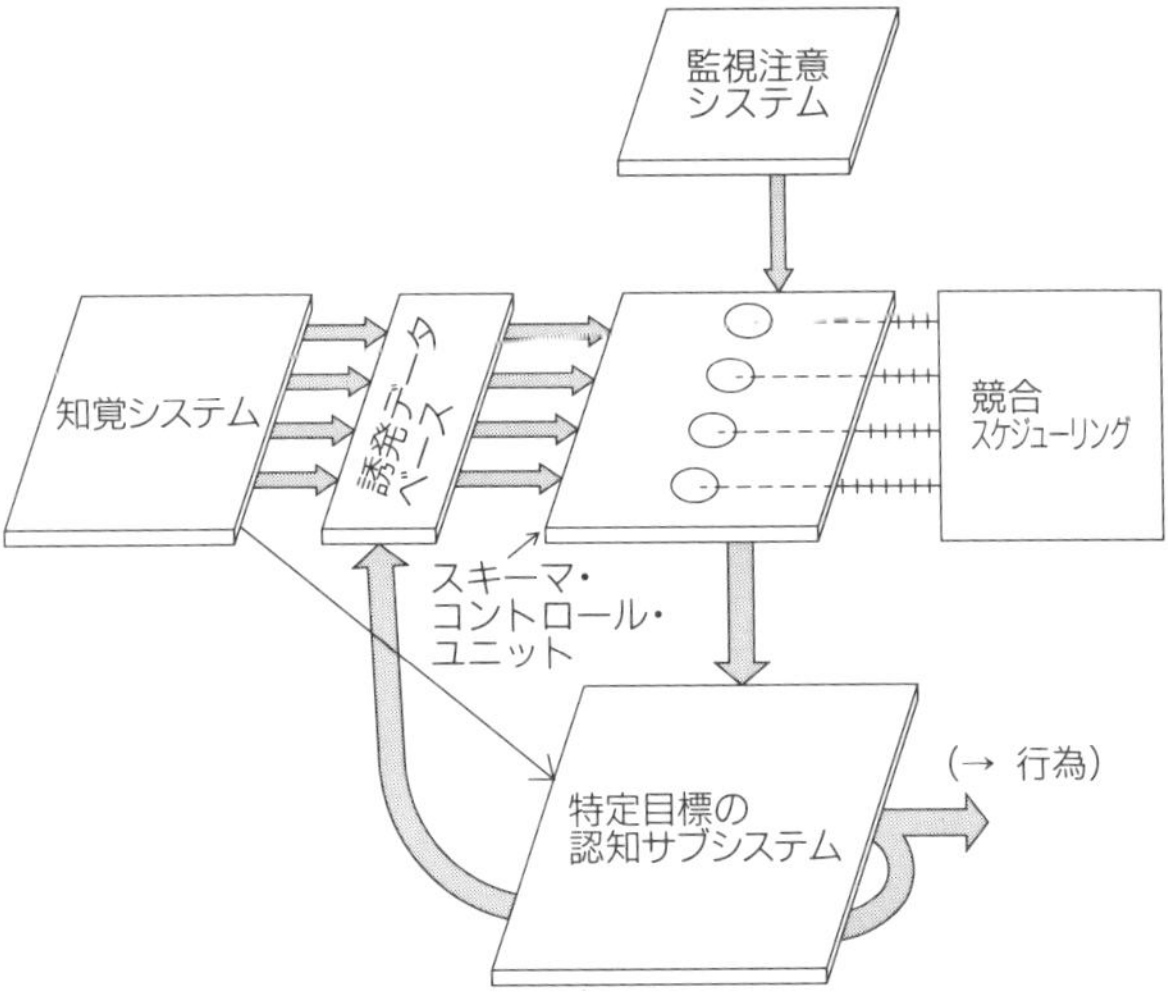

図3　監視注意システムの役割を示す行動制御モデル。誘発データベース（trigger data base）は，知覚システム（perceptual system）やその他のシステムからもたらされた入力を示す。スキーマ・コントロール・ユニット（schema control unit）は，入力にもとづいて一定の行動を引き起こす，行動の実行単位（スキーマ）の集合であり，たとえば自動車の運転場面において知覚系からもたらされた入力が“赤の信号”であれば，それに対応するスキーマは“止まること”や“徐行すること”である。つまりスキーマとは十分に学習された特定の行動を引き起こす単位である。競合スケジューリング（contention scheduling）とは，要求されている課題に応じて適切なスキーマを選択するためのメカニズムである。特定目標の認知サブシステム（special-purpose cognitive subsystem）は，記憶や言語などの基本的な認知能力であり，入力の解釈や選択された行動の確認などをおこなう。これらのシステムによる行動選択を監視するのが，監視注意システム（supervisory attentional system）である（Shallice *et al.*, 1989）(14)

ては問題があるが、ここではそのような問題点があることを承知したうえで、簡単に紹介する。

道具の強迫的使用（compulsive manipulation of tools）

これは脳梁切断などの患者が、道具を見たり、それに触れたりすることによって、右手でそれを強迫的に使用してしまう現象である。先に述べたユーテリゼーション・ビヘィビアによく似ている。しかし、道具の強迫的使用は、文字どおり患者が強迫的に道具を使用するのに対して、ユーテリゼーション・ビヘィビアの患者はごく自然な形で道具を利用し、強迫的ではない[15]。また、道具の強迫的使用は（例外もあるが）おもに左半球前頭葉内側面および脳梁膝部の損傷で生じ、その対側の右手だけに現れる。これに対してユーテリゼーション・ビヘィビアは、片側あるいは両側の前頭葉損傷で生じ、障害は両手に現れる[16]。

さらに道具の強迫的使用は、他人の手症候とも異なる。なぜなら、道具の強迫的使用はおもに患者の右手に現れ、その行動は意志に反したものではあるが、一応目的に沿った動きをする。これに対して他人の手症候はもっぱら患者の左手に現れ、しかもその左手は目的不明の行動をとるからである[16]。以下に道具の強迫的使用を示した患者の具体例を示す。これは森・山鳥によって報告された六〇歳の女性患者の症例である[16]。

「患者は、前に置かれた種々の道具を右手で取り上げ、正常に握り、患者の意志に反してそれを使用してしまう行動を示した。たとえば、患者の前の机の上にヘアブラシを置いた場合、これを取り上げて自分の髪をといてしまう。スプーンの場合はこれを握って口に運び、鉛筆の場合は机の上の紙の上に線を引いたり、自分の名前を書いたりした。はさみを置くと、これで患者の衣服を切ろうとしたり、机の上の紙を切った。左手はこれら右手の動きを押えこんだり、右手が持っている道具を取り去ったりした。左手の動きを検査者が抑制していると、患者の右手はこれらの動作を何度もくりかえした。目隠しの状態で、道具を右手に触れさせた場合も、その道具が何であるかを理解した時は同様の行動がみられた。工具のような患者にとっては非日常的であると思える道具では握るのみか、誤った行動をおこなった。たとえば、スパナーでは把握するのみであり、ドライバーではこれをペンのように握り机の上に線を引く動作をした[16]」。

病巣は前頭葉内側面のほとんどと、脳梁膝部全体を含んでいた。

道具の強迫的使用はなぜ生じるのか

ゴールドバーグ（Goldberg, G.）らによれば、道具の強迫的使用は、正常な運動のプログラムが前頭葉内側面の損傷によって、場面の要求とは無関係に、開始・実行されることによって生じる[5]。森・山鳥も同様の見解を示している。「道具の強迫的使用は、……学習によって後天的に獲得された習熟した行為レベルの運動パターンが、大脳病変によって解放されたものと考えられる。この際、……道具を見ること、あるいはそれに触れることが刺激となっている」[16]。この場合の大脳病変とはもちろん前頭葉の損傷をさす。また、それによって解放されるのは、右手の運動を支配する左半球の運動エングラムである[17]。

ところで、これと同様の説明がユーテリゼーション・ビヘイビアに対しても提案されている。すでに述べたようにレルミットは、ユーテリゼーション・ビヘイビアが生じるのは、前頭葉の病変によって頭頂葉に対する前頭葉の抑制機能が障害を受けたためであると考えた。それゆえ、道具の強迫的使用とユーテリゼーション・ビヘイビアは、いずれも前頭葉の損傷によって脳内の高次運動パターンが解き放たれたために生じる症状であるといえる。

次に、道具の強迫的使用と他人の手徴候を比較してみよう。すでに述べたように、道具の強迫的使用は、もっぱら右手に現れるが、他人の手徴候は左手に現れやすい。この点で両者は異なる。しかし、他人の手徴候でみられる両手間の抗争は、道具の強迫的使用でもみられる。すなわち、患者の左手は右手の強迫的な使用を阻止しようとする。このような両手間の抗争は、両半球の分離現象（半球間離断症候群）として説明できるかもしれない。ゴールドバーグらは、他人の手徴候が右手に現れたものが道具の強迫的使用であると考えている。

このように、道具の強迫的使用は、ある面ではユーテリゼーション・ビヘイビアと、そして別の面では他人の手徴候と共通した特徴をもつ。

病的把握現象

患者の手のひらに刺激を加えると、それを握り返したり、刺激の方向に手や指を動かして追いかけるなどの反応を示す。このような症状を病的把握現象とよぶ。病的把握現象は、多くの場合、ユーテリゼーション・ビヘィビアや道具の強迫的使用を示す患者で併発する。それゆえ病的把握現象は、これらの症状の基礎にあるとも考えられ、前頭葉の機能障害によって、もっぱら乳幼児期において生じる原始的な反射運動が解放された現象である可能性が高い。

◇◇◇手の動きと意識

本章では、自分の意志とは無関係に無意識的に手が動いてしまういくつかの症状を紹介した。これらはいずれも脳損傷の患者において観察されたものである。これらの症状は、いくつかの点で明確に区別されるが、併発することも多く、症状面での類似点も多い。

他人の手徴候の病巣は、脳梁部位と前頭葉内側面にある補足運動野の損傷であると考えられている。一方、ユーテリゼーション・ビヘィビアと道具の強迫的使用は、前頭葉の損傷によって生じる。

他人の手徴候の生起に深くかかわる補足運動野は、随意的な運動のプログラミング、とくに両手の協調的な運動を制御するための中枢と考えられている。おそらくその働きは、さらに上位の中枢から入力信号によってコントロールされているのであろう。その中枢とは、私たちの行為を意識的にコントロールするための中枢であり、行為の主体としての自分を意識させる中枢であると思われる。この上位の中枢の具体的な場所はわからないが、おそらく補足運動野に入力信号を送っている前頭葉や、脳の中心部にある辺縁系とよばれる部位が中心的な役割をになっているにちがいない。補足運動野が損傷を受けるということは、これらの上位の中枢の思惑どおりに補足運動野が機能しなくなったことを意味している。

これに対して、ユーテリゼーション・ビヘィビアと道具の強迫的使用は、前頭葉の障害によって、運動プログラムが、不適切な場面にもかかわらず、視覚的刺激あるいは触覚的刺激によって、自動的・無意識的に誘発されるようになり、その結果運動行為の意識的コントロールが不可能になった状態であると考えられる。

他人の手徴候、ユーテリゼーション・ビヘィビア、道具の強迫的使用といった脳損傷患者が示すこれらの特異な症状は、自動的・無意識的な運動実行プログラムと、それを統制する意識的なコントロール・システムが脳のなかに別々に存在することを示唆している。これらの症状について研究を深めることは、意識と行為の関係について、その脳内の具体的なしくみを明らかにするうえで、重要な知見をもたらすものと期待される。

■注

(1) このゴールドシュタインの患者に関する記載は、次の文献(2)からの引用による。

(2) Della Sala, S., Marchetti, C. & Spinnler,H. 1994. The anarchic hand : A fronto-mesial sign. In F. Boller &

J. Grafma (Eds.) *Handbook of neuropsychology,* Vol.9. Amsterdam : Elsevier Science. pp.233-255.

(3) ただしこの〝他人の手徴候〟という用語はそもそも脳梁に損傷をもった患者が、自分の左手を右手でつかんでも自分の手とは感じられなかったことをさして用いられたものであって、ゴールドシュタインの報告にあるような症状とは異なる。なぜなら、ゴールドシュタインの患者は自分の左手の動きを抑制できなかったが、それが自分の手であることは認めていたからである。このため、〝気まぐれな手（wayward hand）〟とか、〝無秩序な手（anarchic hand）〟といったよび方の方が適切であるとする意見もある。

(4) Bogen, J.E. 1985. The callosal syndrome. In K.M. Heilman & E. Valenstein (Eds.) *Clinical neuropsychology.* London : Oxford Univeristy Press. pp. 337-407.

(5) Goldberg, G., Mayer, N.H. & Toglia, J.U. 1981. Medial frontal cortex infarction and the alien hand sign. *Archives of Neurology,* **38**, 683-686.

(6) 丹治順「運動意志の発現」伊藤正男・佐伯胖編『認識し行動する脳』東京大学出版会、九一－一一一頁、一九八八年。

(7) Tanji, J. & Kurata, K. 1985. Contrasting neuronal activity in supplementary and precentral motor cortex of monkeys. I. *Journal of Neurophysiology,* **53**, 129-141 ; Tanji. J., Okano, K. & Sato, K. 1987. Relation of neurons in the nonprimary motor cortex to bilateral hand movement. *Nature,* **327**, 618-620.

(8) Roland, P.E., Larsen, B., Lassen, N.A. & Skinhoj, E. 1980. Supplementary motor area and other cortical areas in organization of voluntary movements in man. *Journal of Neurophysiology,* **43**, 118-136.

(9) Brinkman, C. 1984. Supplementary motor area of the monkeys cerebral cortex : Short and long-term deficits after unilateral ablation and the effect of subsequent callosal section. *Journal of Neuroscience,* **4**, 918-929.

(10) Parkin, A.J. 1996. *Explorations in cognitive neuropsychology.* Oxford : Blackwell.

(11) Doody, R.S. & Jankovic, J. 1992. The alien hand and related signs. *Journal of Neurology, Neurosurgery and Psychiatry,* **55**, 806-810.

(12) Lhermitte, F. 1983. Utilization behavior and its relation to lesions of the frontal lobes. *Brain,* **106**, 237-255.

(13) レルミットはさらに、命じられていないのに検査者のジェスチャーをまねてしまう現象を報告している。これはimitation behavior（模倣行動）と名づけた。この現象は、utilization behaviorの前の段階と考えられた。

（14）Shallice, T., Burgess, P.W., Schon, F. & Baxter, D.M. 1989. The origin of utilization behavior. *Brain*, **112**, 1587-1598.（本文中の記述は、わかりやすくするために、内容を変えない範囲で多少表現をかえた。）

（15）石合純夫『高次神経機能障害』新興医学出版社、一九九七年。

（16）森悦朗・山鳥重「前頭葉内側面損傷と道具の強迫的使用」『精神医学』二七巻六号、六五五－六六〇頁、一九八五年（一部、漢字をかな書きに変えた）。

（17）森悦朗・山鳥重「左前頭葉背損傷による病的現象——道具の強迫的使用と病的把握現象との関連について」『臨床神経』二二巻、三二九－三三五頁、一九八二年。

6章　意識と行動の解離

盲視とその関連現象

◇◇◇ 盲　視

盲視とは何か

脳の後ろの部分（後頭葉）には眼からの神経信号を受け取る場所、すなわち視覚野とよばれる特殊な領域がある。視覚野がこわれると、視野の一部が見えなくなる症状、すなわち視野障害が生じる。この場合、視野のなかの見えない部分は暗点（あるいはスコトマ）とよばれる。暗点の広さやその位置は、脳の損傷部位やその大きさなどによって決まる（2章参照）。

オックスフォード大学の心理学者ワイスクランツ（Weiskrantz, L.）らは、暗点をもつ患者の行動を観察していて、奇妙なことに気づいた。その患者は視野の左半分が見えなかった。しかし患者は、その見えない視野（暗点）のなかに提示された物が、まるで見えているかのようにふるまうことがあったのである。このことがきっかけで、詳しい検査がなされた。その結果驚くべきことが明らかになった。

まず患者の見えない視野に小さな光点を提示して、その光点が見えるかどうかを尋ねた。その結果、患者はその光点を認知できないことは明らかだった。ところが、言葉で答えさせる代わりに、光点が提示されたと思われる場所を推測して指さすように求めると、患者はほとんど正確に光点が提示された位置を指さした。手で指さす代わりに、光点の位置に眼を向けるように求めた場合も、かなり正確に反応できた(1)。同様な知見はドイツやフランスの研究者によっても、ほぼ同じ時期に報告された。

これらの研究から次のことが明らかになった。患者は暗点のなかに提示されたものは見えない。すなわち、意識のレベルでは認知できない。しかし、言語を介さずに、指さしなどの反応をさせると、光点の位置をあてることができる。つまり、行動のレベルでは見えていたことになる。このような患者の特異な能力は盲視(blindsight)とよばれている。盲視は、私たちの行動が必ずしも意識的な認知体験とは一致しないこと、すなわち知覚と行動の解離を示す劇的な現象として、多くの研究者から注目された(2)。

盲視はなぜ生じるか

見えない刺激をなぜ患者は指さすことができるのだろうか。常識的に考えれば、刺激が見えないのにその位置がわかるということはありえない。そのため、当然ながら盲視現象に対しては他の研究者

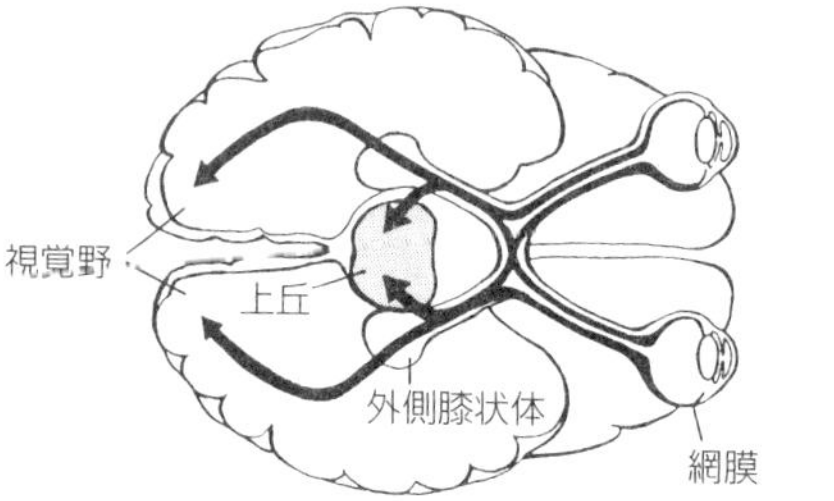

図1　眼の網膜から外側膝状体を経て大脳皮質の視覚野に至る視覚経路と，網膜から上丘に至る視覚経路。上丘は大脳半球の下の中脳にある

から反論が出た。ある研究者は、盲視現象は実験のアーチファクトであると主張した。つまり、実験の不備から生じた誤った実験結果にすぎないというのである。たとえば、光点は暗点のなかに提示されたが、その光がわずかながら暗点の範囲から漏れていたのではないだろうか。患者は、その漏れ出た光を手がかりにして、光点の位置を推定していたのかもしれないというのである。また別の研究者は、盲視現象を示した患者の暗点が、本当に完全な暗点であったのかどうかを疑った。つまり、患者の脳の損傷部位にはわずかながら無傷の部分が残されており、このため暗点の一部にはかすかに光点を感知できる程度の視力が残されていたのかもしれないというのである。しかしこれらの反論も盲視現象を詳細に調べることによって否定されている。実験の不備や損傷の不完全さといった理由では、盲視現象を説明することはできないのである。

それでは盲視現象はどのように説明されるのだろうか。多くの研究者は、盲視は〝第二視覚系〟の働きを反映したものだと考えている。普通視覚系という場合には、眼から出た視神経が、外側膝状体とよばれる中継点を通って大脳皮質後頭葉の視覚野に至る経路を意味している（図1）。視覚野がこわれれば、この経路は機能しないので、視野障害が生じる。ところが脳にはもうひとつ別の視覚系が存在する。それは眼から出た視神経が中脳の上丘（superior colliculus）とよばれる皮質下の部位に至る経路である。盲視現象は、この経路を通って上丘に達した視覚情報が、視覚野のさらに上位の中枢に直接連絡することによって生じるのではないかと考えられる。この上丘を経由する視覚経路は第二視覚系とよばれる。

患者が見えないはずの光点の位置を判断できたのは、この第二視覚系を用いていたためと考えられる。なぜなら、この第二視覚系を経由した視覚情報は、必ずしも私たちの意識にのぼらないからである。これに対して大脳の視覚野を経由する視覚系（第一視覚系）は、眼でとらえた対象物の視覚的なイメージ（視覚表象）を形成する。つまり、普通の意味での見る働きをになっている。視覚野に損傷をもつ患者は、第一視覚系がこわれているので光点が見えない。しかし第二視覚系は機能しているので、その位置は判断できるというのである。

この上丘経由の第二視覚系説は、長い間説得力のある説明として受け入れられてきた。しかし最近、別の可能性も考えられるようになった。カウェー（Cowey, A.）らは、半盲患者の正常視野と暗点視野に色光刺激を提示し、特殊な測定方法を用いて、患者が暗点内に提示された色を識別できるかどうかを調べた(3)。その結果、患者は暗点視野に提示された色光刺激を意識レベルでは知覚できないにもかかわらず、色の識別は可能であることがわかった(4)。この知見は、盲視は上丘を経由した視覚情報にもとづくとする説明にあわない。なぜなら、上丘経由の視覚系は色情報を伝えないと考えられているからである。そこで別の説明が提案された。それによれば、第一視覚系の途中にある外側膝状体から、第一次視覚野を通らないで直接に高次の視覚中枢に達する神経経路が存在し[5]、この経路こそ盲視現象を支える視覚経路ではないかと考えられたのである。

見えない光の定位学習

見えない光点の位置を指さすことができるといった盲視現象は、それ自体これまでの視覚の概念をくつがえす驚くべき発見だった。盲視に関しては、これ以外にも不思議な現象が発見されている。ジール（Zihl, J.）は、半盲の患者の暗点内に光点を提示し、そこへ向けて眼を動かすことを求めた。最初、患者の反応はまったくデタラメで、患者には光点の位置がわからないようだった。しかし何度も繰り返しているうちにだんだんと成績が向上し、ついには正常な視野に光点が提示された場合と同じ程度の成績になった（図2C）[6]。

この実験では、患者は自分の反応がどの程度正しかったかについては、いっさい教えられなかった。つまり、反応の正確さについてのフィードバック情報は与えられなかった。そのうえ患者は光点が見えなかった。このような状況で、いったい患者はどのようにして見えない光に対する眼球運動を修正していったのだろう。この問いに対する的確な答えは見つかっていない。しかし成績が向上したことは事実である。それゆえ、患者には光点は見えなかったが、何らかの理由で光点に対する眼球運動反応の学習が成立したと考えざるをえない。つまり、意識下レベルでの学習（潜在学習）が成立したのである。別の章で述べるように、本人が意識できない学習現象は、健常者を対象とした実験でも多数

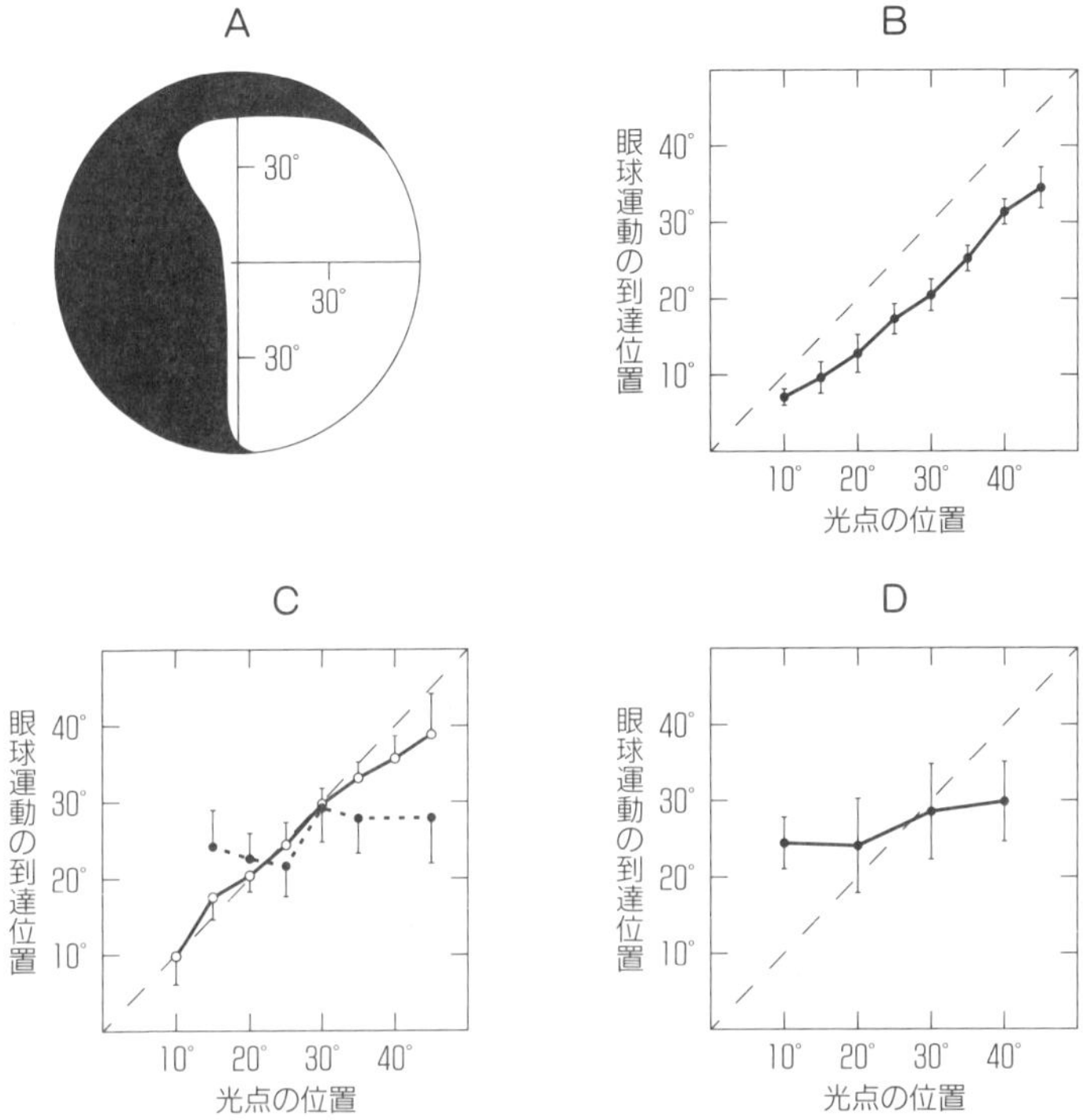

図2　A：患者の視野。黒い領域が半盲の部分で見えない。B：正常な視野に提示された光点に対するサッケード眼球運動（すばやい眼の動き）の正確さ。横軸が光点の位置。縦軸がサッケード眼球運動の到達位置。眼球は光点の位置には届かないが，光点の位置が視野中央から離れるにつれて，眼球の到達位置も変化した。C：暗点内に提示された光点に対するサッケード眼球運動の正確さ。黒丸（点線）は試行を始めた時点での成績。白丸（実線）は試行を重ねた後の成績。D：暗点内に光点が提示されなかったときの成績。患者に光が見えなければこのような結果になるはずである（Zihl, 1979）⑥

報告されている（10章参照）。

盲視のシミュレーション

半盲患者を対象とした研究から、見えない刺激に対して反応できるいう不思議な盲視現象が明らかになった。もしこの現象が事実とすれば、それは脳損傷患者だけでなく、健常者においても同様な現象が見られるかもしれない。そこで、健常者において盲視現象を再現しようとする実験が試みられた。そのもっとも簡単な方法は、視覚刺激を被験者には知覚できない程度の強さ（これを専門用語では閾《いき》値下の強さという）で提示して、被験者がその位置をあてることができるかどうかを調べることである。もちろん被験者は視覚刺激が見えないので、その位置を推測して、いわば当てずっぽうで答えるしかない。そのような状況で得られた被験者の答えが、実際の刺激の位置と一致していれば、被験者は見えない刺激の位置を当てることができたと結論できる。ある研究によれば、被験者は見えないはずの刺激（白い背景上の黒い小円）の位置を、かなり正しく当てることができることが示された[7]。しかし、この種の実験は問題がある。たとえば、被験者には刺激が本当に見えなかったのだろうか。被験者は刺激が出たかどうかをはっきり確信できなかっただけで、ある程度は見えていたのかもしれない。そこで、盲視現象を再現するには、もっと工夫をこらした実験をする必要がある。

最近コールとブラウン（Kolb, F.C. & Braun, J.）は巧妙な心理物理実験によって、健常者で盲視現象を再現した。[8] 彼らは視覚刺激として図3に示したような、たくさんのドット（点）からなるテクスチャー（肌理）刺激を用いた。各ドットは矢印で示された方向に動かされた。図3に示されたように、点の一部は他の点とは異なる動きをした（図3の点線で囲まれた領域）。このように特異な運動をする点が現れる領域は、刺激パターンのなかの右上、右下、左上、左下のいずれかの位置であった。被験者の課題は、その領域を見つけ出して報告することであった。見つけ出せない場合は、その領域を推測して答えなければならなかった。つまり上に述べた四つの領域からひとつを強制的に選ばされた。

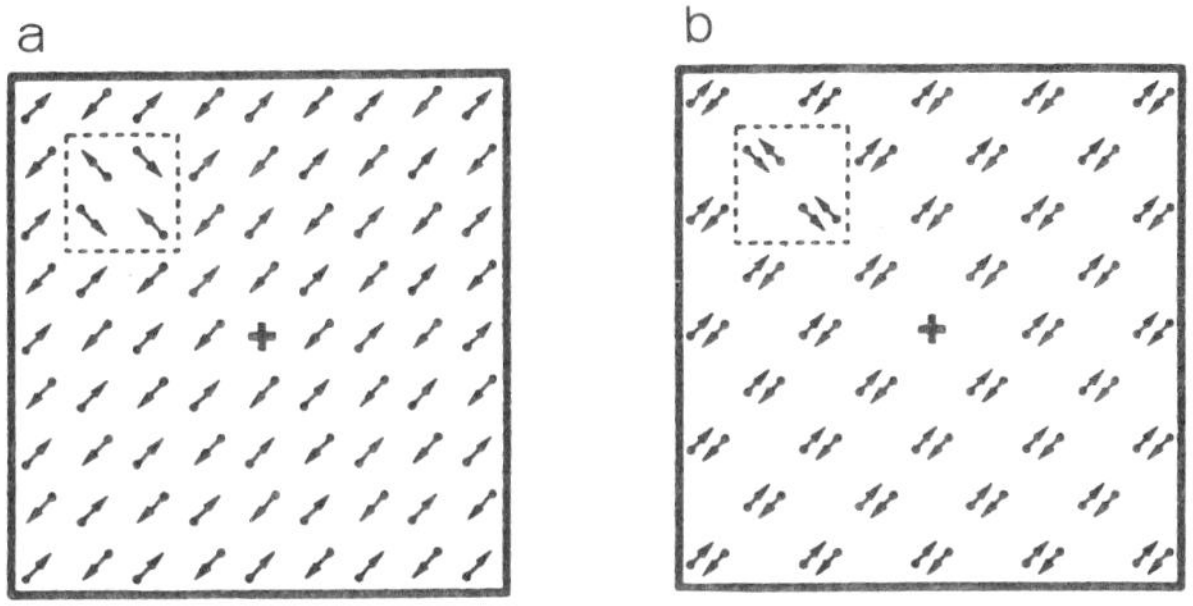

図3　盲視のシミュレーション実験で用いられた視覚刺激の例。a：特異な運動領域（点線の枠内）が知覚できる刺激。b：知覚できない刺激（Kolb & Braun, 1995）[8]

　その結果はきわめて興味深いものであった。図3aのような運動の場合には、被験者は特異な運動をする点のある領域を容易に知覚できた。ところが、図3bのような運動の場合には、その領域を知覚することは困難だった。それにもかかわらず、その領域を推測して選ぶことを求められると、その成績はaの場合と同等であり、統計的にもチャンスレベル（でたらめな反応）以上の正答率であった。つまり、被験者は特異な動きをする領域を知覚できなかったにもかかわらず、その場所を当てることができたのである。コールとブラウンは、別の刺激パターンを用いた実験でも同様な結果を得ている。彼らによれば、この実験結果は、脳損傷患者で発見されたのと同じような〝盲視現象〟が健常者でも認められることを示している。

◇◇◇ 知覚系と運動系の解離現象

患者ＤＦ

盲視現象は、意識レベルで知覚されない刺激でも、意識にのぼらないレベルでは処理されていることを示している。これと同様の現象が、視覚失認の患者でも観察されている。

カナダの心理学者グッデール（Goodale, M.A.）らは、一酸化炭素中毒によって視覚失認を呈した患者について興味深い報告をしている[9]。その女性患者ＤＦは、目に障害がないにもかかわらず、中毒の後遺症による脳損傷のために、物の形を視覚的に認知することができなかった。たとえば、縦線や横線を見せられても、その方向を見分けることができなかった。ところが、特殊な方法で反応させると、正しく識別することができた。たとえば、さまざまな方向のスロット（細いすき間）を提示して、そこにすばやく板をさし込む課題を与えると、患者はそのスロットの傾きを知覚できないにもかかわらず、上手に板をさし込むことができた（図４）。

また別の実験では、いろいろな形の型板が示され、それを指でつかみあげることを求められた。これらの型板は不規則でアンバランスな形だったので、それらを上手につかみあげるには、二本の指ではさんだ位置が、型板の重心付近を通る直線上にくる必要があった（図5）。ということは、型板の形が知覚できなければ上手にできない課題だった。ところが彼女は、上手に型板をつかみあげることができた。図に示されたように、彼女は健常者と同じように、型板の正しい位置をつかんだのであ

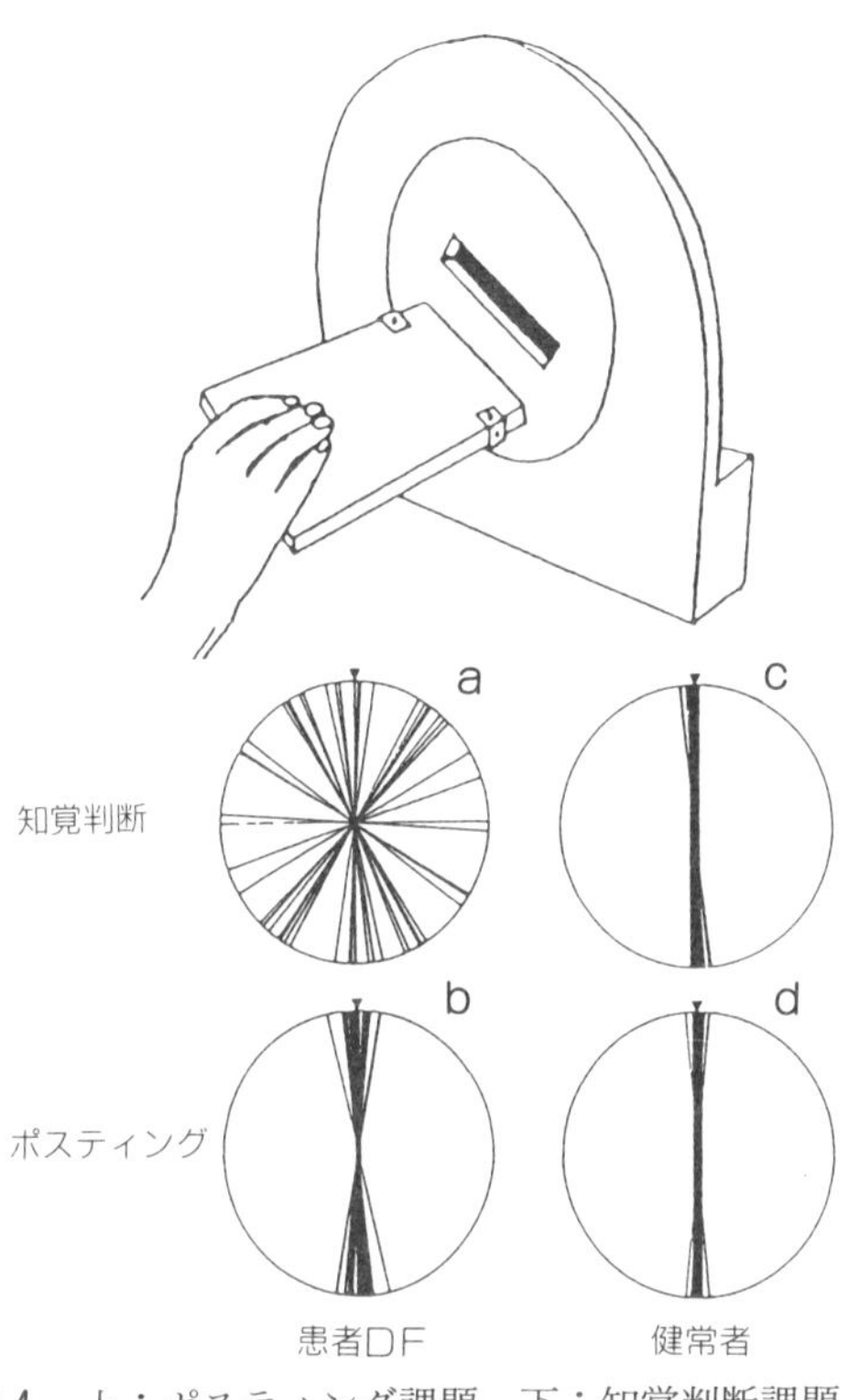

図4　上：ポスティング課題。下：知覚判断課題とポスティング課題の成績。知覚判断課題では，スロットの傾きを目で判断して報告した。a，b：患者の知覚判断課題(a)とポスティング課題(b)での成績。c，d：健常者の知覚判断課題(c)とポスティング課題(d)での成績。実験ではスロットはさまざまな傾きで提示されたが，図では正しい方向をすべて垂直方向に描きなおして表現してあるので，正しく判断すれば結果はすべて垂直方向の線で示される。患者は知覚判断ではスロットの傾きを正しく判断できなかったが(a)，ポスティングは正しくできた(b)（Goodale，2000）⑽

る。

解離現象の説明

グッデールが報告した患者は、形の識別は不可能だったのに、運動系を用いれば正しく反応することができた。これとは反対に、視覚判断は正常だが運動反応に問題がある症例は少なからず報告されている。これらの患者は、対象物の大きさや傾きなどについては視覚的に判断して報告することができる。しかし、手を伸ばして物を把握する際に、視覚情報にもとづいて手を回転させたり、指の開きを調整することができない[10]。

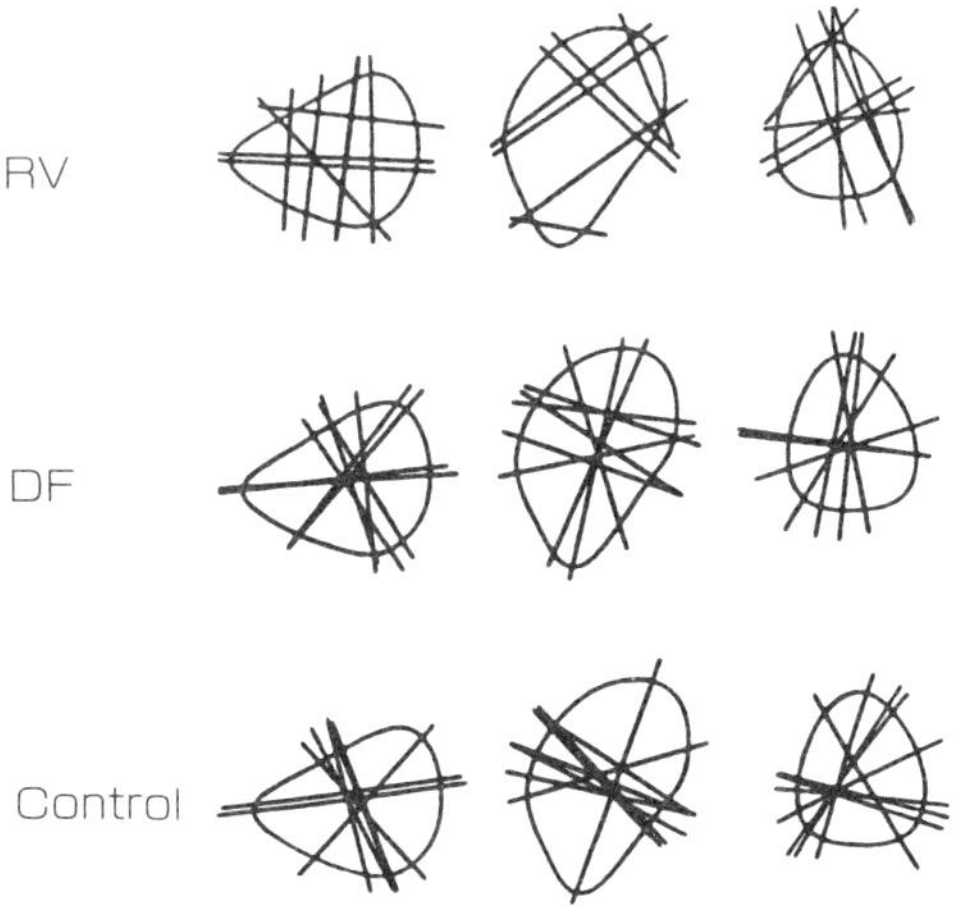

図5　型板の把握位置。それぞれの直線は被験者が型板を把握した際の２本の指の位置を示す。ＲＶ：視覚運動失調（ものは見えるが，それに対する適切な運動反応ができない）の患者。ＤＦ：視覚失認の患者。Control：健常者(Milner & Goodale, 1995)[9]

これらのことから、グッデールは次のような解釈を試みている。すなわち、視覚機能は二つに分類できる。そのひとつは形や傾きといった形態の知覚を導く働きである。いわば対象物のもつさまざまな視覚的特徴や、それらの関係についての情報を与える働きであり、視覚表象を形成するための基礎データを与える働きである。一般的な意味での見る働きといってもよい。グッデールの患者DFはこの機能が侵されていたと考えられる。

もうひとつは運動反応のような行為活動を導く働きである。これは、対象物の位置や配列に関する情報を伝え、私たちの精密な運動行為を視覚的に制御する働きであり、いわば視覚によって誘導される行動を支える働きである。

グッデールによれば、これらの視覚機能は脳の異なる部位の働きによるものとされる。グッデールの患者DFの場合は、第一次視覚野はほとんど無傷だったが、後頭葉の比較的下側（腹側）に損傷があった。これに対して、運動反応に障害のあった患者では、頭頂葉後部の上側の領域に損傷があった。グッデールは、視覚表象の形成に関与する視覚系を腹側《ふくそく》経路（ventral stream）、運動行為の視覚制御にかかわる視覚系を背側《はいそく》経路（dorsal stream）とよんで、区別することを提案している。(11)

◇◇◇　解離現象の実験心理学的証拠

見えない刺激が何らかの形で私たちの行動や判断に影響を及ぼすことは、心理学の領域でも古くから知られていた。それらはいずれも、視覚マスキング法やプライミング法などとよばれる特殊な実験方法を用いて研究されてきた。これらの研究については、別の章で詳しく紹介する（8章、9章参照）。ここでは知覚と行動の解離現象を直接的に示した実験をいくつか紹介する。

急速に位置を変えるターゲットへの指さし反応

グッデールらが報告した実験である[12]。被験者は周辺視野に突然現れた光点に対して指さし反応をすることを求められた。被験者は最初、視野中央を見ていることを求められた。このため、周辺視野に光点が提示されると、その位置を確かめるために、そこへ目を向けなければならなかった。このような実験状況で、ある試行では、被験者が目を向けた瞬間に、光点の位置がもとの位置から一〇%遠くへ移動した。被験者は光点の位置が変化することはいっさい教えられていなかった。そのうえ、目が動いているときは瞬間的に視覚機能が低下するので[13]、被験者は光点の動きにまったく気づかなかった。

この実験の目的は、このように被験者が光点の位置変化を知覚できないとき、指はどの位置をさすかを調べることだった。実験結果は明白で、被験者の指先は新しい光点の位置をさしていた。

被験者が指さそうと思った位置は、光点が動く前の位置であり、そこへ向かって指さし反応が開始されたはずである。しかし、光点の位置は指さし反応の実行中に変化し、そのうえ被験者はこの位置変化に気づかなかった。それにもかかわらず、指は位置変更後の正しい位置に向かったのである。それゆえこのことは、指さし運動の修正が、見えない位置変化にもとづいて、被験者の意識にのぼることなくおこなわれたことを示している。

誘導運動を利用した実験

暗室のなかでフレーム（枠組み）に囲まれた光点を提示し、フレームだけを動かすと、フレームの動きは知覚されず、静止しているはずの光点がフレームの動きと反対方向に動いて見える。このような錯視現象は誘導運動（induced motion）とよばれている。月夜に雲が動くと、雲でなく月の方が動いて見えるのも同じ原理による。ブリッジマン（Bridgeman, B.）らは、フレームを動かして光点が動いたように見えた直後に、フレームと光点の両方を消し、光点の消えた位置を指さすように被験者に求めた。その結果、被験者は光点が動いて見えたにもかかわらず、実際の光点の位置を正しく指さすことが示された[14]。この実験は、刺激に対する運動反応が、知覚的な判断とは独立して生じることを示している。

眼球運動にともなう錯視現象を利用した実験

注視位置を変えるときに生じるすばやい眼の動きはサッケード（saccade）とよばれる。暗室内でサッケードをしたときに光点を瞬間的に提示すると、その光点は実際の提示位置とは異なる位置に見える[15]。しかし、小さなハンマーでその光点の位置を叩かせると、被験者は誤って見える位置ではなく、実際の光点の位置を叩いたという[16]。同様に、サッケード中に提示された光点（これも実際の位置とは異なる位置に見える）に向けて、もう一度サッケードするように求めると、眼は実際の光点位置に向かって動いたという報告もある[17]。これらの実験結果も、知覚と行動の解離を反映した現象であると解釈されている。

実験結果の解釈と意味

先に述べたような知覚と行動の解離現象はなぜ生じるのだろうか。最初に紹介した実験では、被験者は光点の位置変化に気づかないのに、正しい光点の位置を指さすことができた。つまり、意識にのぼらない視覚情報によって運動反応のプログラムが修正されたわけである。なぜこのようなことが可能なのだろうか。その具体的メカニズムは不明だが、二つの可能性が考えられる。

そのひとつは、知覚処理に要する時間は、運動反応の処理に要する時間よりも長くかかるという説明である。つまり、ある刺激情報が視覚系にもたらされた場合、それが意識的なレベルで知覚されるようになるまでに必要とされる時間は、その情報にもとづいて運動反応が喚起されるまでの時間よりも長いと仮定される。それゆえ、被験者が刺激に気づく前に、運動反応の修正が完了している可能性がある。ある種の反射的な行動、たとえば熱いものに触れた手を瞬間的に引っ込める行動などの場合、手を引っ込める運動は、熱いと感じて危険を察知するよりも前に開始されているのかもしれない。そのような可能性を支持する実験的証拠も報告されている[(18)]。この説明は最初に示した実験結果をある程度説明できるようにもみえる。しかし、完全な説明にはなっていない。なぜなら、この場合、被験者は刺激変化にまったく気づかなかったことが問題なのであり、気づくのが遅かったわけではないからである。

そこで別の説明が求められる。現在一般的に受け入れられている説明は、知覚と行動は基本的に異なる処理系に依拠しているというものである。たとえば、先に紹介した誘導運動を利用した実験や、眼球運動にともなって生じる錯視現象を利用した実験について考えてみよう。これらの実験では、刺激に対する指さし反応や眼球運動反応は、その刺激の位置に関する知覚的判断とは無関係に生じた。つまり、運動反応系は、独自に刺激位置を判断していたのである。その具体的な神経生理学的な基盤は、たとえばグッデールが示したような、背側処理系と腹側処理系に代表されるような脳内の処理系なのかもしれない。いずれにせよ重要なことは、知覚系によって刺激事象が意識化されることがなくても、運動反応系はその目的を達成できることがあるということである。

■注

（1） Weiskrantz, L., Warrington, E.K., Sanders, M.D. & Marshall, J. 1974. Visual capacity in the hemianopic field following a restricted occipital ablation. *Brain*, **97**, 709-728 ; Weiskrantz, L. 1986. *Blindsight : A case study and implication.* Oxford : Oxford University Press.

（2） 盲視現象に関する詳しい解説は、本田仁視『視覚の謎：症例が明かす〈見るしくみ〉』福村出版、一九九八年を参照。

（3） Stoerig, P. & Cowey, A. 1989. Wavelength sensitivity in blindsight. *Nature*, **342**, 916-918.

（4） 暗点視野に提示された色光刺激は患者には見えない。そのため、患者は光が出たか否かを推測して答えることになる。一般に光の感知されやすさ（すなわち感度）は、光の色によって異なる。光の色と、その感知されやすさ（感度）の関係を示した図は、スペクトル視感度曲線あるいは分光視感度曲線とよばれている（スペクトル〔spectrum〕とは光の波長の違い、つまり色の違いを意味する）。そこで、もし患者が暗点に提示された光刺激を知覚できていれば、そのスペクトル視感度曲線は、正常な視野に色光刺激を提示した場合に得られたスペクトル視感度曲線と同じ形になるはずである。実験の結果はそのとおりだった。このことから、患者は暗点に提示された色光刺激の色を識別していると結論された。

（5） Cowey, A. & Stoerig, P. 1989. Projection patterns of surviving neurons in the dorsal lateral geniculate nucleus following discrete lesions of striate cortex. *Experimental Brain Research,* **75**, 631-638.

(6) Zihl, J. 1979. Blindsight : Improvement of visually guided eye movements by systematic practice in patients with cerebral blindness. *Neuropsychologia,* **18**, 71-77.

(7) Meeres, S.L. & Graves, E.R. 1990. Localization of unseen visual stimuli by humans with normal vision. *Neuropsychologia,* **28**, 1231-1237.

(8) Kolb, F.C. & Braun, J. 1995. Blindsight in normal observers. *Nature,* **377**, 336-338.

(9) Goodale, M.A., Milner, A.D., Jakobson, L.S. & Carey, D.P. 1991. A neurological dissociation between perceiving objects and grasping them. *Nature,* **349**, 154-156 ; Milner, A.D. & Goodale, M.A. 1995. *The visual brain in action*. Oxford : Oxford University Press.

(10) Goodale, M.A. 2000. Perception and action in the human visual system. In M.S. Gazzaniga (Ed.) *The new cognitive neurosciences*. Cambridge : The MIT Press. pp.365-377.

(11) Perenin, M.T. & Vighetto, A. 1988. Optic ataxia : A specific disruption in visuomotor mechanism. I. Different aspect of the deficit in reaching for objects. *Brain,* **111**, 643-674.

(12) Goodale, M.A., Pelisson, D. & Prablanc, C. 1986. Large adjustments in visually guided reaching do not depend on vision of the hand or perception of target displacement. *Nature,* **320**, 748-750.

(13) 眼を動かしたときに視覚機能が一時的に低下する現象はサッケード抑制とよばれる。このサッケード抑制は眼が動き出す約一〇分の一秒前から生じ，眼が停止したすぐ後まで続く。

(14) Bridgeman, B., Kirch, M. & Sperling, A. 1981. Segregation of cognitive and motor aspects of visual function using induced motion. *Perception and Psychophysics,* **29**, 336-343.

(15) Honda, H. 1991. The time courses of visual mislocalization and of extraretinal eye position signals at the time of vertical saccades. *Vision Research,* **31**, 1915-1921.

(16) Hansen, R.M. & Skavenski, A.A. 1985. Accuracy of spatial localization near the time of saccadic eye movements. *Vision Research,* **25**, 1077-1082.

(17) Hallett, P.E. & Lightstone, A.D. 1976. Saccadic eye movements toward stimuli triggered by prior saccades. *Vision Research,* **16**, 99-106. ただし否定的な研究もある。たとえば，Honda, H. 1990. Eye movements

to a visual stimulus flashed before, during, or after a saccade. In M. Jeannerod (Ed.) *Attention and performance,* XIII, *Motor representation and control.* New Jersey : LEA. pp.567-582.
(18) Paulignan, Y., McKenzie, C., Marteniuk, R. & Jeannerod, M. 1990. The coupling of arm and finger movements during prehension. *Experimental Brain Research,* **79**, 431-435.

7章　健忘症患者の隠された能力

記憶障害と潜在記憶

記憶の障害は大きく二つに分けられる。そのひとつは脳の損傷や老化が原因で生じる器質性の記憶障害（健忘症〔amnesia〕ともいう）であり、もうひとつは心理的な要因が原因と考えられる記憶障害、すなわち心因性健忘である。特殊な記憶障害としては、脳に電気ショックを与えられたときにみられる記憶障害がある。本章では、まず器質性の記憶障害をとりあげ、患者が示すさまざまな潜在的記憶能力について考える。

◇　◇　◇

器質性記憶障害（健忘症）

病　巣

器質性の記憶障害の場合、それをもたらす病巣の位置（つまり脳のどこが侵されているのか）はさまざまである（図1）。もっともよく知られているのは、側頭葉の内側にある海馬やその近辺の部位

（扁桃核など）である。後で紹介するＨＭというイニシャルで知られている患者は、てんかんの治療のために両半球のこの部位を切除する手術を受けたが、手術後重い記憶障害になり、とくに自分が体験したことを記憶できなくなってしまった。

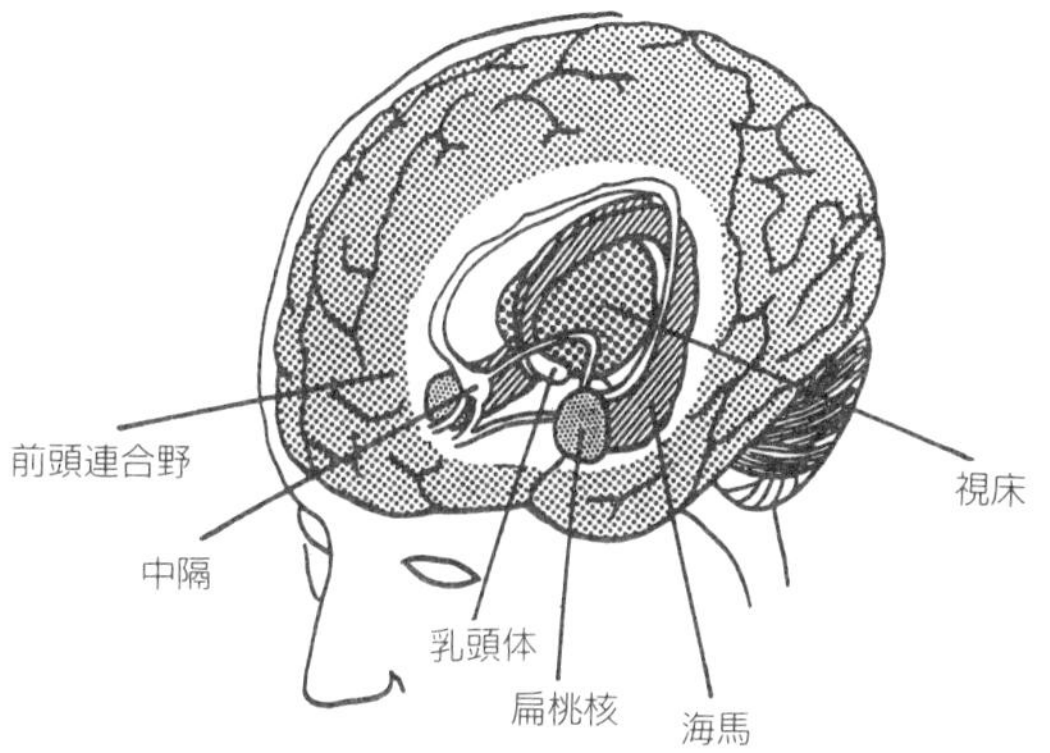

図1　記憶障害と関係がある脳の部位（久保田，1995）[1]

次に間脳とよばれる部位、とくにそのなかの乳頭体および視床の背内側核とよばれる部位が記憶と密接に関連していることが知られている。慢性のアルコール依存患者ではたびたびコルサコフ症候群[2]とよばれる記憶障害を含む症状を示すことが知られているが、これらの患者では、乳頭体や視床背内側核に損傷があることがわかっている。

そのほか、前頭連合野や前脳基底部（中隔などを含む部位）などの損傷によっても記憶障害が生じることが知られている。

記憶障害の内容

記憶障害は一過性の場合もあるが、器質性の記憶障害の多くは長い間持続する。この場合、その内容により、発症以前の経験を思い出せない逆向性健忘と、発症以降の新しい経験を記憶できない前向性健忘に分けられる。ただし逆向性健忘といっても、病状が徐々に進行した場合などでは、その発症時期を明確に決められないことが多い。このため、とくに臨床場面では、逆向性健忘というよび方の代わりに遠隔記憶の障害とよぶこともある[3]。

健忘症患者の記憶障害は、日常生活のさまざまな場面で観察される。昔のことを思い出せない、自分の家族を認知できない、ついさっき聞いた話を忘れてしまう……などなど。そして当然、記憶検査の結果にもはっきりと示される。しかし、そのような重篤な記憶障害をもつ患者が、実は潜在的に記憶を保持しているのではないかと思われるケースが昔から報告されていた。

◇◇◇健忘症患者の潜在記憶

健忘症と診断された患者であっても、ある種の記憶はかなり良く保持できるらしいことは、以前から知られていた[4]。たとえば、一九世紀中頃のイギリスの医師は、ある健忘症の女性患者が、すぐに新しい仕事をおぼえたのに、それをやったことはまったく記憶していなかったと報告している。その後の文献にも同様の記載があり、ある健忘症の女性の手に針を刺したら、その後彼女はそのことは記憶していないのに、握手することを拒んだと記載されている。

最近になって、健忘症患者の記憶能力はさまざまな検査方法を用いて研究されるようになってきた。そのなかの比較的初期の研究で、記憶研究に大きな影響を与えたのは、有名な患者ＨＭに関する研究

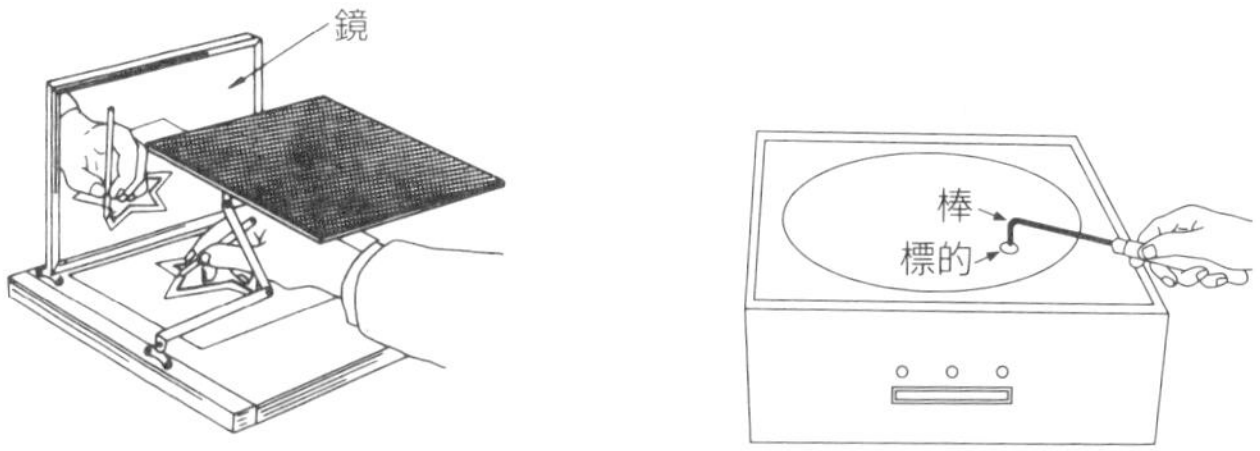

図2　左：鏡映描写課題。被験者は鏡に映った図形と自分の手を見ながら，図形をトレースする。右：回転盤追跡課題。被験者は回転する円盤上の標的に棒の先端をできるだけ長い間乗せる

である。[5]

技能学習

健忘症患者は自分があらたに経験したことを記憶できない。それにもかかわらず、手先を使う作業や課題を訓練すると、その練習効果が明確に示される。

患者HMは、二七歳のときに手術によって両半球の側頭葉の内部を切除された。この部位は記憶と深いかかわりのある部位として知られている。このため、その手術の後、HMは重い記憶障害を示した。たとえば、ある図形を見せられても、その六〇秒後にはすっかり忘れてしまっているといった状態だった。ところが、鏡映描写や回転盤追跡といった運動技能課題をおこなわせると、練習を重ねるにつれて確実に上達していった（図2）。つまり学習が成立したのである。さらにこのような運動技能だけでなく、たとえば図3に示されたように、不完全な線画からそれが何を描いたものかを当てさせる課題でも、練習の効果が示された。このような課題は、認知的な技能の学習といえる。HMはこれらの課

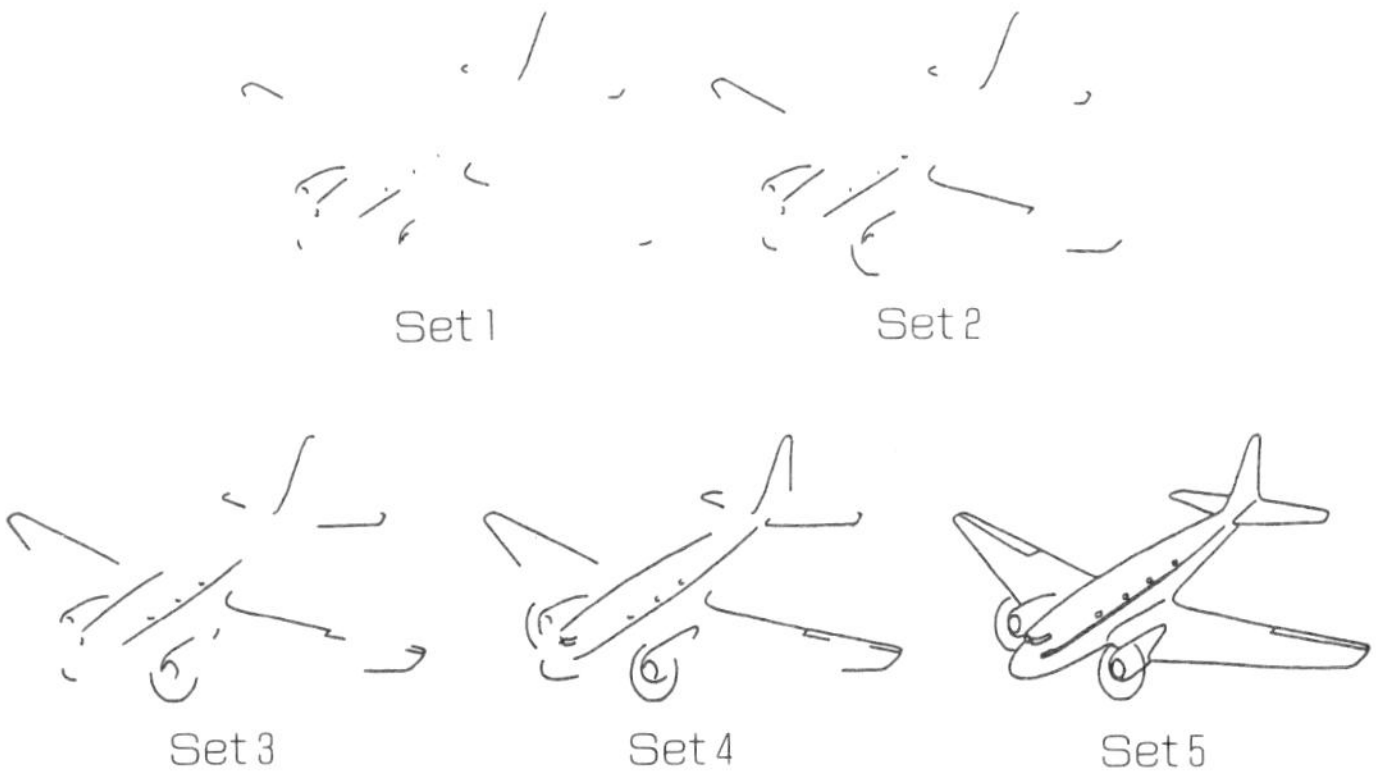

図3　不完全図形の認知課題。一番不完全な図形から始めて，順次より完全な図形に移る。被験者は見せられた図形に描かれたものを当てる。最初は完全に描かれた図形でないと認知できないが，試行を重ねると不完全な図形からでも描かれているものを当てることができるようになった（Milner, 1970）[5]

題が練習によって上手にできるようになったときでも、自分がそれを以前に練習したことを思い出すことができなかった。健忘症患者で学習が可能な認知技能課題としては、そのほかにも鏡映文字で書かれた単語をできるだけ速く読むといった課題がある[6]。

このように、重い記憶障害の患者でも、運動技能や認知技能の獲得は可能であることが知られている。このことは、過去の経験を思い出せなかったり、新たに経験したことを記憶にとどめることができない健忘症の患者でも、技能的な記憶は保持できることを示している。

単語完成課題

ワリントン（Warrington, E.K.）とワイスクランツ（Weiskrantz, L.）は、健忘症

患者に単語のリストを見せた後、単語完成課題を実施した。この単語完成課題とは、単語を構成する文字の一部を空白にしたものを提示し、そこに適切な文字を挿入してもとの単語を完成させる課題である。すると患者は、以前に見せられた単語であれば、空白に正しい文字を入れて、もとの単語を完成させることができたが、新しい単語の場合には失敗した。このことは、患者が以前に提示された単語を、記憶のどこかに保存していたことを示唆している(7)。

ところが一般の記憶検査でおこなわれるように、単語のリストを見せた後に、それを思い出して答えるように求めたり(再生課題)、多数の単語のなかから、先に見せられたリストにあった単語を選ばせる(再認課題)と、正しく答えられなかった。

このように、単語完成課題のような方法で検査することによって、健忘症患者でも記憶力を保持していることが示された。ワリントンらは、患者が空白部分を埋めて単語を完成させることができたのは、先に提示された単語による自動的な促進効果によるものではないかと考えた。つまり一種のプライミングである(8)(9章参照)。

さらに興味深いことに、ワリントンらの患者は単語完成課題を〝あてっこゲーム〟のような感覚でやっており、記憶力の検査とはまったく考えていなかったのである。しかも、単語完成課題を記憶の検査であると患者に教示して実施すると、かえって成績が悪くなってしまうことも報告されている(9)。

その他の課題

シマムラ（Shimamura, A.P.）とスクワイヤー（Squire, L.R.）は、健忘症患者に〝テーブル―イス〟のような単語のペアをいくつか提示した後、最初の単語だけを提示して、心に浮かぶ単語を答えさせた。すると患者は以前に単語のペアを提示されたことを思い出せないにもかかわらず、ペアとして提示された単語の一方を答えることが多かった。[10]

ジャコビ（Jacoby, L.L.）らは、健忘症患者に「リード（reed：楽器の舌）をもつ楽器の名前をひとつあげてごらん」といった質問をした後で、リード［ri:d］と発音する単語を書くように求めた。すると、リードと発音する単語は“reed”以外にも“read”（読む）があったが、患者は先の質問にあった“reed”を書いた。しかし患者は先に質問されたことは忘れてしまっており、再認課題のような形で検査しても思い出せなかった。[11]

ジョンソン（Johnson, M.K.）らは、患者に朝鮮のメロディーを何度か聞かせ、それがアメリカ風のメロディーと中国風のメロディーのどちらに聞こえるかを評定させた。その後でそれらのメロディーを新しいメロディーと一緒に提示して、そのどちらが好きかを報告させた。すると患者は、健常者の場合と同様に、以前に聞かされていた方のメロディーが好きであると答えた（人は、初めて見るものよりも以前に見たことがあるものに好感をもつことが知られている。8章参照）。しかし、再認テストではどちらが以前に聞かされたメロディーかを答えられなかった。[12] これらの実験で示された健忘症患者の潜在的な記憶は、9章で述べるプライミングとよばれる現象にもとづくと考えられている。

潜在学習

これまで述べてきたように、健忘症患者は運動技能や認知技能の習得が可能である。しかし、このような技能の習得だけでなく、それ以外の知識の習得も可能だとする報告がある。たとえばグリスキー（Glisky, E.L.）らは、健忘症の患者にまずコンピュータのプログラム用語を学習させ、さらに簡単なコンピュータのプログラム作成を学習させることにも成功した。その際患者は、それを教えられたことは思い出せなかったという[13]。

その他、健忘症患者は古典的条件づけが可能だが、患者はその実験の様子を思い出せないことも知られている[14]。

潜在記憶のしくみ

宣言的記憶と非宣言的記憶

なぜ健忘症患者は、自分が体験したことや過去の出来事を思い出せないのに、さまざまな技能を習得できたり、単語完成課題などが可能なのだろうか。スクワイヤー[15]は、健忘症患者の記憶障害の内容を分析し、人の記憶をいくつかのタイプに分けることを提案した（図4）。

それによれば、まず記憶は宣言的記憶（declarative memory、あるいは陳述的記憶）と非宣言的記憶（nondeclarative memory、あるいは非陳述的記憶）に分類される。宣言的記憶は言葉で伝え

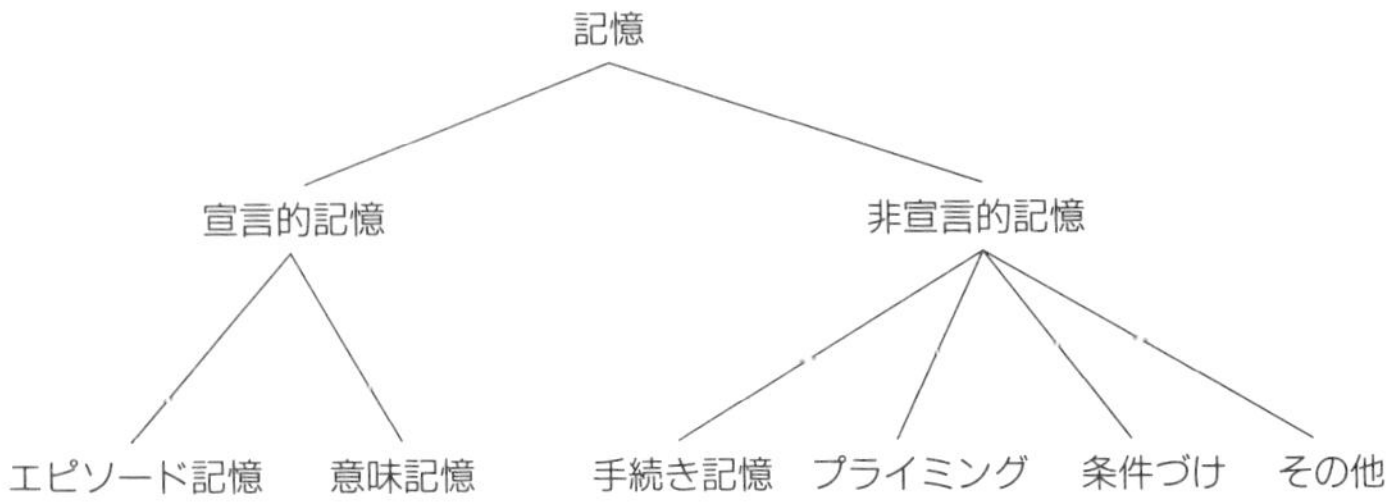

図4　記憶（長期記憶）の分類（Squire，1987より改変）[15]

ることができる記憶であり、非宣言的記憶は言葉で伝えられない記憶である。さらに宣言的記憶は、エピソード記憶（episodic memory）と意味記憶（semantic memory）に分けられる。エピソード記憶とは個人的な体験についての記憶（たとえば、昨日Aさんに会ったなど）であり、意味記憶とは単語の意味や数学の公式、社会的な常識など、他の人と共有できる知識である。スクワイヤーによれば、健忘症患者が侵されるのは、これらの宣言的記憶、とりわけエピソード記憶であるという。

一方、非宣言的記憶のなかには、手続き記憶、プライミング、条件づけなどが含まれる。手続き記憶とは楽器を弾く、靴ヒモを縛る、ゲームをするなどの運動技能や認知技能であり、回転盤追跡課題や鏡映描写課題などもこれに含まれる。プライミングとは、先に提示された刺激（プライム刺激）によって、後で提示された刺激の認知処理が影響を受ける現象で、単語の完成課題などがこれにあたる（9章参照）。条件づけとは、たとえば音と電気ショックを一緒に繰り返し提示されると、やがて音だけ提示されても電気ショックに対する恐怖感が生じるようになる現象で、古典的条件づけあるいはパブロフ型条件づけという名前で知られている。これらに共通しているのは、いずれも言葉で表現するのが難しかったり、意識にのぼりにくく、なかなか忘れないということである。たとえば水泳は言葉で教えられるものではなく、体で覚えるしかない。しかも、一度覚えれば忘れることがない。このような非宣言的記憶は、健忘症患者でもよく保持されている。

スクワイヤーによれば、健忘症患者で侵されるのは宣言的な記憶のシステムであり、非宣言的な記憶システムは障害を受けない。つまり、健忘症患者での潜在的な記憶は、記憶システムの違いを反映しているというのである。

脳生理学的証拠

もしスクワイヤーがいうように、宣言的記憶と非宣言的記憶が異なる記憶システムにもとづくなら、脳損傷の部位によっては、宣言的記憶の障害と非宣言的記憶の障害が、別々に生じるはずである。最近ダマジオ（Damasio, A.R.）らの研究グループは、この考えを支持する証拠を見出している[16]。彼らの研究の対象となった三人の脳損傷患者の一人は両半球にある扁桃核（amygdala）とよばれる部位に損傷があった。二人めの患者は両側の海馬とよばれる部位に損傷があった。さらに三人めの患者は、両側の海馬と扁桃核の両方に損傷があった。これらの患者に対して、条件づけ課題とエピソード記憶課題が与えられた。条件づけ課題では、青の色刺激と大きな音が対にして何度か提示されたあと、いろいろな色刺激に対する皮膚電気反応（ＧＳＲ）が記録された。もし条件づけが形成されていれば、青の色刺激に対して大きな皮膚電気反応がみられるはずである。一方、エピソード記憶課題としては、条件づけ課題が終わったあとで、提示された色の名前などに関する質問に答えることを求められた。その結果、扁桃核に損傷のある患者では、条件づけに失敗したが、エピソード記憶課題は成功した。一方、海馬に損傷をもつ患者では、条件づけは成功したが、エピソード記憶課題は失敗した。さらに、扁桃核と海馬の両方に損傷がある患者は、条件づけとエピソード記憶課題の両方で失敗した。このように、脳の損傷部位に応じて、ある患者は宣言的記憶（エピソード記憶）が障害を受け、別の患者は非宣言的記憶（条件づけ）が障害を受けることが示された。この実験結果は、宣言的記憶と非宣言的記憶が脳の異なる部位の機能を反映した別々の記憶システムであることを示している。

◇ ◇ ◇

心因性健忘とその関連現象

心因性健忘は心理的な要因が原因とされる記憶障害である。機能性の健忘（functional amnesia）とよぶ人もいる。その原因の詳しいことについては不明であるが、後で述べる解離現象（いわば心理機能の分解）のひとつであると考えられる。

心因性健忘

心因性健忘の症例はわが国でも多数報告されている。たとえば山縣ら[17]は、患者の記憶障害が配偶者やそれに関連する事項だけに限って選択的に生じた例を報告している。その患者は学生時代に知り合った男性と結婚を約束していたが、すでに二人の関係は冷え切っていた。しかし、妊娠したためにやむをえず結婚し、出産した。その後実家に帰ったとき、夫とのいさかいがあった翌朝から様子がおかしくなった。死んだはずの祖父をさがしまわったり、小学生時代にもどったような言動を示した。さらに自分が結婚した事実を否定し、夫と会っても誰だか認知できなかった。

この患者が自分が記憶を失っていることに気づき始めたのは、その後二カ月ほど経ったときで、母親が患者の勤務先に連絡し、上司から電話がきたときだったという。そのとき、電話の相手が誰だかまったくわからなかったが、そこに自分の知らないもうひとつの世界があり、また今までの自分の考えに矛盾があることに気づいたという。

この患者の特徴は、その記憶障害がとくに夫や、夫をめぐる出来事や経験に関して顕著であったことであった。それゆえ、原因はおそらく夫に対する心の葛藤にあったと推測される。このように特定の対象に対して生じる心因性健忘は、系統的健忘（systematic amnesia）とよばれる。

遁　走

ときとして、突然記憶を失った患者が各地をさまよい、居住地以外の場所で発見されることがある。これは遁走（fugue）とよばれる。この場合、患者は本当の自分とは異なる人間になりきって生活していることもある。イギリスの推理作家アガサ・クリスティは一九二六年の冬、バークシャーの貯水場近くで車を乗り捨てたまま失踪した。大がかりな捜査がなされたが発見されず、懸賞金までかけられた。一週間後彼女は遠く離れたホテルで発見された。彼女はそのとき、ミセス・ニールと称してチェックインし、歌やダンスに興じる優雅な婦人を装っていたという。記憶を失っていた彼女は休養を余儀なくされた。ただし、この事例に限っては、彼女の詐病であったとする説もある。浮気をしている夫へのあてつけだったらしい。彼女がチェックインしたとき使った偽名は、夫の愛人の名前だった。[18]

多重人格

心因性健忘と密接な関係がある症状として多重人格がある。多重人格についてはかなり古くから知られていた。それが学問的レベルで論じられた最初の例は一八世紀末のドイツでの報告だったといわれる。その後多数の多重人格の症例が報告されている。

最近話題になったのは、イブ・ホワイトの症例である。[19] この女性は、ある日激しい頭痛や軽度の記憶障害を示して来院した。外見的にはごく普通で、夫婦間の問題や個人的な葛藤はないように見えた。その数日後、治療者のもとへ彼女からの手紙が届いたとき、異常が発見された。その手紙はたしかに彼女が書いたものだったが、最後の部分は明らかに別の人物の手によるものだった。不信に思った治療者が問いただすと、彼女は手紙を途中まで書いたが、投函しなかったと答えた。面接を続けていると突然彼女は混乱し、やがて第二の人格イブ・ブラックが現れた。ブラックは大胆で色っぽく、自信に満ちていた。上品でひっこみがちなホワイトとはまったく異なる性格だった。この新しい女性は、ホワイトが抱えている悩みごとや、ホワイトが幼児の頃に親からひどい折檻を受けたことなどを話し出した。ブラックはホワイトが催眠をかけられているときだけ現れ、そのため、ホワイトはブラックの存在をなかなか知ることができなかった。やがてその後、第三の人格ジェーンが現れた。この報告では、これら三人の人格から記録された脳波の所見についても述べられている。それによれば、ブラックは他の二人とは明確に異なる脳波を示したという。

多重人格の原因はよくわかっていないが、過去に体験した心の傷、すなわち心的外傷が関係しているとする説が有力視されている。たとえば、人間関係における深い悲しみや絶望、暴力場面の目撃、幼児期の心理的・身体的虐待など、心に負った深い傷の記憶が、無意識の世界に閉じ込められ、それがあるきっかけで別の人格となって出現したのが多重人格であるというのである。

解離現象

ここで紹介した心因性健忘、遁走、多重人格などは、いずれも解離現象として説明できるとする考えがある。解離とは、普通は一個人のなかで統合された状態にある記憶や意識、人格といった心理機能がばらばらになった状態をさす。解離性の障害としてもっともよく知られているのは離人症である。離人症の患者は、強い自意識の障害を示し、自分が自分だという実感がなかったり、自分が考えたり行動しているという実感がない。また周囲の景色を見ても実感がわかない。さらには、自分の手や顔、体が自分のものと感じられない。いわば、自分が心理的にひとつのものとして統合されないのである。

同様に多重人格は、いわばアイデンティティがまとまりを失った状態であり、たとえば、幼児期の自分と現在の自分がたがいに別の世界に生きているようなものと考えられる。このため、多重人格は解離性同一性障害ともいわれる。また、心因性健忘や遁走も、記憶の一部が自分から分離した状態として、あるいは一時的に人格の分裂が生じた状態として説明される。

もちろん、このような説明が完全に正しいかどうかは疑問がある。解離という考え方はジャネ（Janet, P.）に始まるが[20]、フロイト（Freud, S.）の精神分析学[21]と同様に、いわば患者の症状を単に解釈したにすぎないともいえる。しかし、現在のところ、それに代わる適切な説明がないことも事実である。

このように、心因性健忘やその類縁症状は、脳損傷などによる器質性の記憶障害とはまったく異なる原理で説明せざるをえない。この意味で、器質性健忘と心因性健忘を同列に論じることはできない。しかし、これらはいずれも、意識にのぼる顕在的な記憶の陰に、意識にのぼることのない潜在的な記憶が存在することを示している点では共通している。

■注

（1）久保田競編『脳の謎を解く一』朝日文庫、一九九五年。

（2）コルサコフ症候群（Korsakoff's syndrome）とは、記憶障害、見当識障害（時間や場所、方向などがわからない）、作話の三つをあわせもつ症候群。コルサコフによってはじめて記載されたのでこの名がある。アルコール依存、一酸化炭素中毒、脳の老化などでみられる。

（3）記憶はその保持時間によって短期記憶と長期記憶に分けられる。短期記憶（short-term memory）は数秒から数分間の一時的な記憶であり、臨床場面では即時記憶（immediate memory）ともよばれる。最近は作業記憶（working memory）という新しい概念にとって代わられた。長期記憶（long-term memory）は数十分から数十年、あるいは一生にわたる記憶であり、これは日常的な意味での記憶に相当する。臨床場面では、数分から数日にわたる長期記憶を近時記憶（recent memory）、それ以上までさかのぼる長期記憶を遠隔記憶（remote memory）とよぶことが多い。ただし、これらの区分は厳密なものではない。

（4） Schacter, D.L. 1987. Implicit memory : History and current status. *Journal of Experimental Psychology : Learning, Memory and Cognition,* **13**, 501-518.

（5） Milner, B. 1970. Memory and the medial temporal regions of the brain. In K.H. Pribram & D.E. Broadbent (Eds.) *Biology of memory*. New York : Academic Press. pp.29-50 ; Milner, B., Corkin, S. & Teuber, H.L. 1968. Further analysis of the hippocampal amnesic syndrome : 14 year follow-up study of H.M. *Neuropsychologia,* **6**, 215-234.

（6） Cohen, N.J. & Squire, L.R. 1980. Presented learning and retention of pattern-analyzing skill in amnesia : Dissociation of "knowing how" and "knowing that". *Science,* **210**, 207-209.

（7） Warrington, E.K. & Weiskrantz, L. 1970. Amnesic syndrome : Condition or retrieval? *Nature,* **228**, 628-630.

（8） Warrington, E.K. & Weiskrantz, L. 1982. Amnesia : A disconnection syndrome? *Neuropsychologia,* **20**, 233-248.

（9） Graf, P., Squire, L.R. & Mandler, G. 1984. The information that amnetic patients do not forget. *Journal of Experimental Psychology : Learning, Memory and Cognition,* **10**, 164-178.

（10） Shimamura, A.P. & Squire, L.R. 1984. Paired-associate learning and priming effects in amnesia : A neuropsychological study. *Journal of Experimental Psychology : General,* **113**, 556-570.

（11） Jacoby, L.L. & Witherspoon, D. 1982. Remembering without awareness. *Canadian Journal of Psychology,* **36**, 300-324.

（12） Johnson, M.K., Kim, J.K. & Risse, G. 1985. Do alcoholic Korsakoff's syndrome patients acquire affective reactions? *Journal of Experimental Psychology : Learning, Memory and Cognition,* **11**, 27-36.

（13） Glisky, E.L., Schacter, D. & Tulving, E. 1986. Computer learning by memory impaired patients : Acquisi-

tion and retention of complex knowledge. *Neuropsychologia,* **24**, 313-328.
(14) Weiskrantz, L. & Warrington, E.K. 1979. Conditioning in amnesic patients. *Neuropsychologia,* **8**, 281-288.
(15) Squire, L.R. 1987. *Memory and brain.* New York : Oxford University Press.（河内十郎訳『記憶と脳』医学書院、一九八九年）
(16) Bechara, A., Tranel, D., Damasio, H., Adolphs, R., Rockland, C. & Damasio, A.R. 1995. Double dissociation of conditioning and declarative knowledge relative to the amygdala and hippocampus in humans. *Science,* **269**, 1115-1118.
(17) 山縣博・井上収司「特異な心因性健忘の一例」『精神医学』一五巻一一号、一二〇三―一二一二頁、一九七三年。
(18)『朝日新聞』一九九九年二月一日朝刊記事「クリスティー失跡一一日のナゾ：夫の情事が〝犯行〟生んだ」。
(19) Thigpen, C.H. & Cleckley, H. 1954. A case of multiple personality. *Journal of Abnormal and Social Psychology,* **49**, 135-151.
(20) ジャネ（Janet, P., 1859-1947）はフランスの精神医学者。当時注目されていたヒステリー症状は、強い心の痛手によって、心理的諸機能を統合することができなくなったことを反映していると考えた。すなわち、意識の一部が分離されて〝下意識〟となり、意識との連絡が途絶えたために生じると考えた。これをジャネは解離とよんだ。
(21) フロイト（Freud, S., 1856-1939）はウィーン大学に学び、はじめ生理学を専攻したが、その後臨床医として神経症患者の治療にあたった。神経症の原因は、心的な葛藤が抑圧されたことによる心の精神力動にあるとし、人間行動における無意識の重要性を強調した。精神分析学の創始者。

8章　サブリミナル・パーセプション

閾下知覚

◇◇◇閾下知覚とは何か

夜空に輝いて見える星は、空にある無数の星のほんの一部にすぎない。多くの星は、その光が弱いために見えない。このように、あまりに弱い光や音は、たとえそれらが実際に存在していても、私たちには知覚されない。物が見えたり音が聞こえたりするには、それらが目や耳などの感覚器官の感度以上に強いものである必要がある。ものが見えるか見えないかの境目、あるいは音が聞こえるか聞こえないかの境目を閾（threshold）という。また、閾に対応する刺激の強さを閾値という。刺激の強さが閾値より下であれば、その刺激は知覚されない。つまり意識にのぼらない。

しかし、そのように意識にのぼらない刺激であっても、人の行動に影響を及ぼすことがある。そのような知覚過程を閾下知覚という。閾下知覚はサブリミナル（subliminal）効果という名でも知られている。一般によく知られているのは、ある映画館で商品のコマーシャルを瞬間的に閾値下で見せたところ、その商品の売れ行きが上昇したという話である。これは学問的な実験研究として報告されたものではないので、その真偽のほどは定かでない。しかしながら、厳密な実験によって、実際に閾下知覚が生じることを示した報告も多い。ここでは、そのような実験的研究のいくつかを紹介し、人の認知機能における無意識的過程について考えてみる。

マスキング実験

反応時間実験

あるものを瞬間的に見せた直後に別のものを見せると、最初に見せられたものが知覚されなくなる。たとえばある文字を一〇〇分の一秒といった短時間提示した直後に縞模様のパターンを見せると、縞模様だけ見えて、文字は知覚されない。このような視覚現象はマスキング（masking、あるいは視覚マスキング）とよばれる。この場合、後で提示された刺激（ここでは縞模様のパターン）はマスク刺激とよばれる。[1]

このようなマスキングを利用して、閾下知覚の存在を証明しようとする試みがかなり古くからおこなわれてきた。その代表的な研究のひとつに、フェラー（Fehrer, E.）らの実験がある。[2] 彼らはまず視野の中央に光刺激を瞬間的（二〇〇分の一から二〇分の一秒）に提示し、その直後に別の光刺激を二〇分の一秒だけ最初の光の両側に提示した。このような条件で、二つの光刺激が提示される時間間隔（図1のSOA）をしだいに短くすると、最初に提示された中央の光は知覚されなくなる。彼らの実験では、その時間間隔が七〇ミリ秒（すなわち一〇〇分の七秒）以下でマスキングが生じ、最初の光が見えなくなることが確認された。

ところで、この実験で被験者に与えられた課題は、光が見えたら、それが最初の光か二番目の光かにかかわらず、できるだけ速くキーを押して反応することであった。その実験結果は非常に興味深いものだった。なぜなら、マスキングによって最初の光が見えない条件での反応時間は、最初の光だけが提示された条件（それゆえマスキングがないとき）の反応時間と同じだったからである（図1）。この実験では、被験者は最初の光か二番目の光かに関係なく、光が見えたらそれに反応することを求められていた。それゆえこの実験結果は、マスキングが生じて最初の光が見えないときでも、被験者はその見えない光に反応していたことを示している。つまり、意識レベルでは知覚できない光に対して、被験者の手はすばやく反応していたのである。

同様の実験はシラー（Schiller, P.H.）とスミス（Smith, M.C.）も報告している。[3] 彼らの実験でも、被験者は見えない光に反応することが示されている（図1）。最近ではニューマン（Neumann, O.）らがさらに巧妙な実験によって、マスキング条件での閾下知覚を証明している。[4]

さらにテイラー（Taylor, J.L.）とマクロスキー（McClosky, D.I.）は、視覚刺激に対するスイッチ押し反応に用いられた手の筋活動を計測した。手の筋活動の開始時間は、マスキングによって視覚刺激が見えない条件と、刺激が単独で提示された条件の間で差がないことが示された。[5]

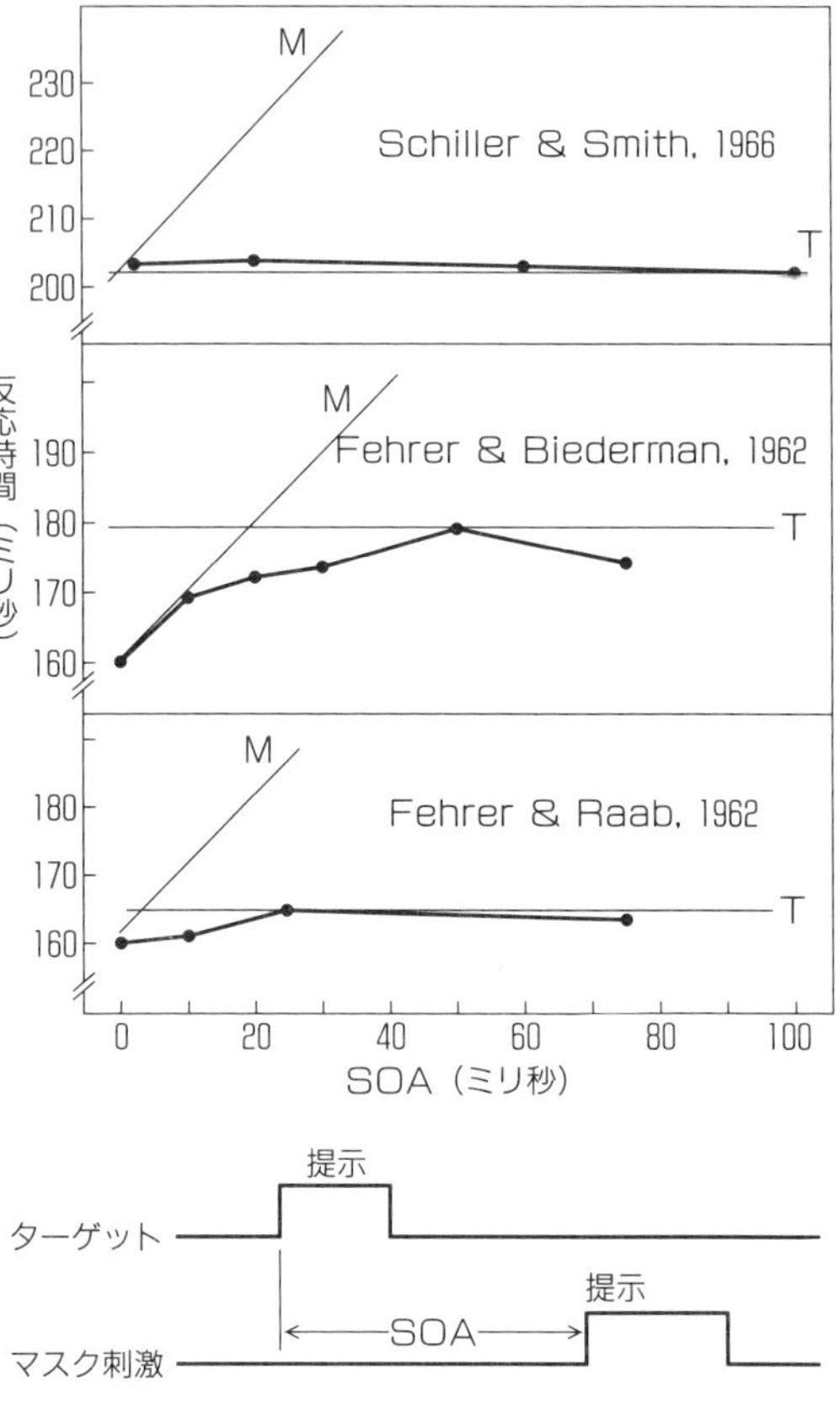

図1　マスクされた光点に対する反応時間。3つの研究の結果を示す。図の横軸はターゲット（光点）とマスク刺激の時間間隔。縦軸は反応時間。Tのついた水平線は光点だけが提示されたときの反応時間，Mのついた斜め線はマスク刺激だけが提示されたときの反応時間（予測値）を示す。実験結果は光点だけが提示されたときの反応時間（T）とあまり差がない（Neumann & Klotz，1994より改変）[4]

単語の認知

単語を提示した直後にマスク刺激を提示すると、マスキングによって単語は見えない。このとき脳のなかでは、単語はどの程度まで処理されているのだろうか。マルセル（Marcel, A.J.）はこの点を検討し、注目すべき実験結果を報告した[6]。実験では、被験者はまず視野中央の注視点を見つめることを求められた。次に、その注視点が消えると、単語が提示されるか、あるいは何も提示されなかった。その後さまざまな時間間隔をおいて、マスク刺激が提示された。単語とマスク刺激の時間間隔が短いほど被験者は単語が見えにくくなる。

被験者には三種類の課題が与えられた。そのひとつは、単語が提示されたかどうかを判断することであった（単語の有無の判断）。二番めの課題は形態的判断であった。この課題では、マスク刺激の提示後に二つの単語が並べて提示され、そのどちらが最初に提示された単語と形が似ているかを判断した。三番めの課題は意味判断課題であり、マスク刺激の後に提示された二つの単語のうち、どちらが最初の単語と意味が似ているかを判断した。

結果は図2に示されている。単語提示とマスク刺激提示の時間間隔が短いときは、いずれの課題でも正答率は約五〇％で、これはまったく判断ができなかったことを意味する。時間間隔が長くなるにつれて正答率は上昇したが、最初に上昇を示したのは意味判断で、ついで形態判断、もっとも成績が悪かったのは、単語の有無判断であった。いいかえれば、被験者は単語が提示されたかどうかを判断できなかったときでも、その意味や形の判断は可能だったのである。

これは一般の常識に反する結果である。しかし、この実験結果に対して疑問をもつ研究者もいる。それによれば、有無判断よりも意味判断の成績がよかったのは、最後に提示された二つの単語の選び

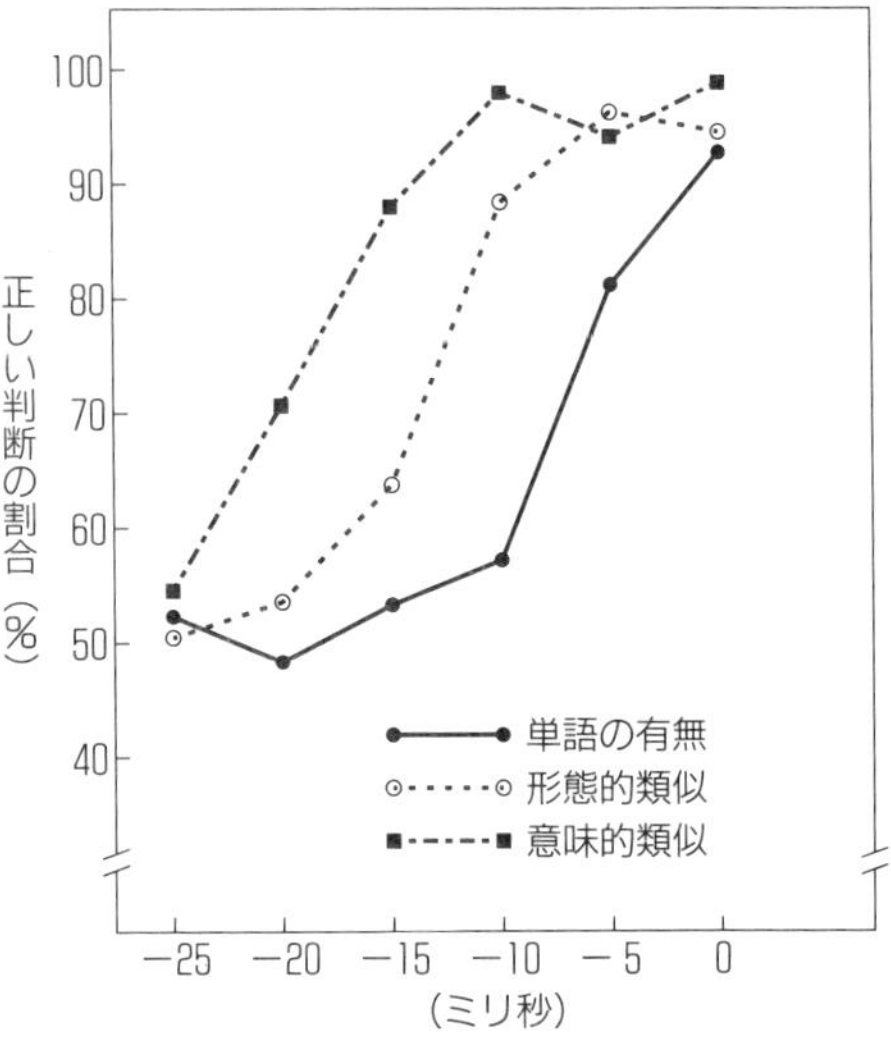

図2　マルセルの実験結果。横軸は単語刺激提示とマスク刺激提示の時間間隔。0は有無判断の成績が最初に100%正解を切ったときの時間間隔を示す。マイナス値はこの値からさらに短い時間間隔を示す。縦軸は各課題での正答率（Marcel, 1983）[6]

方に問題があったためと考えられる。なぜなら、選択肢として選ばれた二つの単語のうち一方は、必ず最初に提示された単語と意味的に関連がある。するとその単語は、当然ながらもう一方の単語よりも、多くの同義語や連想語をもつ単語である確率が高い。このとき被験者は同義語や連想語の多い単語の方を選ぶ傾向があったと仮定しよう。すると、被験者が最初の単語が見えたか否かに関係なく、正しい反応をする確率が高くなるはずである。要するに、マルセルの実験結果は、このような単語の選び方に問題があったために生じたというのである。[7]

マスクされた単語の無意識的な認知に関してはその後もさまざまな手続きで調べられている。ディブナー（Debner, J.A.）とジャコビ（Jacoby, L.L.）は、単語の後にマスク刺激を提示したあと、単語の語幹（たとえば、doughのdou-）を提示し、単語完成課題をおこなわせた。その際被験者は、先に提示された単語以外の単語を作り出すように求められた。単語とマスク刺激の時間間隔が長いと、被験者は容易に単語を認知できた。このため被験者は教示どおり、提示された単語（dough）以外の単語を作り出すことができた（たとえば、double や doubt）。一方、単語とマスク刺激の時間間隔が短いと、被験者は単語を認知できなかった。そこで被験者が作り出す単語は、dough、double、doubtなどさまざまになると予想された。しかし、被験者は（単語を認知できなかったのに）もっぱら先に提示された単語（dough）を作り出した。この結果は、潜在的に知覚される情報は、被験者がコントロールすることができない無意識的な自動的反応を引き起こすことを示していると解釈されている。(8)

なぜ見えない刺激に反応できるのか

以上のように、人は提示された刺激を知覚できなくても、それに反応できるらしい。もしこれが事実だとしたら、なぜこのようなことが生じるのだろうか。ここではまず、反応時間を指標とした実験について考えてみよう。

これらの実験結果に対しては、次のようにいくつかの説明が考えられる。たとえば、提示された刺激が意識されるようになるまでに要する時間は、その刺激に対して運動反応が喚起されるのに要する時間よりも長いのかもしれない。もしそうならば、マスク刺激が提示される前に、運動系はすでに反応の準備を終えている可能性がある。それゆえ、マスク刺激によって先行刺激の知覚が妨害されても、運動反応は実行されるというわけである。

これと似た説明であるが、必要とされる感覚データの量の違いとして実験結果を説明できるかもしれない。つまり、運動系の反応は、少ない感覚データでも喚起されるが、意識的認知のためには、多くの感覚データを必要とするというのである。[9] マスク刺激は先行刺激の知覚的処理を妨げるので、被験者が利用できる感覚データの量は少なくなる。その結果、被験者は先行刺激を知覚できないが、運動反応は可能であると説明される。

さらに、意識的認知のシステムは、運動反応をもたらすシステムとはまったく異なる処理経路である可能性もある。つまりこれら二つは、独立した並列的な経路であるために、対象が必ずしも意識レベルで認知されなくても、運動反応は喚起されるのかもしれない。この最後の説明は、すでに述べた盲視現象の説明と本質的に同じものである（6章参照）。

次にマルセルが報告した単語認知の実験について考えてみよう。この実験の要点は、被験者が単語刺激の有無（提示されたか否か）を正確に判断できなくても、その単語の意味や形態の処理が可能だったというものである。もしこれが事実であるなら、それはどのように説明されるのだろうか。残念ながら、現在のところ納得のいく説明は見当たらない。しいていえば、マルセル自身が提案した説明がもっとも有力であろう。それによれば、マスク刺激の提示は、刺激の知覚処理を中断させるのではなく、それが意識にのぼるのを妨げるというのである。このためマスキング条件では、刺激が意識レベルで認知されることはないにもかかわらず、その刺激のさまざまな特徴や属性（つまり単語の意味や形態）に関する知覚処理はある程度まで確実に実行されることになる。もちろんこの説明は仮説にすぎない。しかし、このような説明を支持する研究もいくつか報告されているので、簡単に否定することもできない（9章参照）。今後の研究の発展が待たれる。

◇◇◇見えない刺激による情動反応

マスキングを利用した研究以外にも、閾下知覚の存在を示唆した研究がいくつか報告されている。それらの研究では、不安や恐怖といった情動的な反応を指標（めやす）としている。

皮膚電気反応（GSR）を指標とした研究

ラザラス（Lazarus, R.S.）らは、不安条件づけとよばれる手法を用いて、認知できない文字刺激が不安反応を引き起こすことを報告している[10]。

彼らの実験では、無意味なアルファベット綴り（たとえば、YILIM、ZIFIL、GAHIWなど）が一〇個用意された。まずこれらの無意味綴りが、ひとつずつ繰り返し提示された。その際、そのなかの五つの無意味綴りについては、それらが提示されると同時に電気ショックが被験者に与えられた。このようにして、被験者はあらかじめそれらの特定の無意味綴りに対して不安をいだくように条件づけされた。

次にテストがおこなわれた。ここでは、一〇個の無意味綴りがランダムな順序で提示された。ただし、電気ショックはいっさい与えられなかった。各無意味綴りの提示時間は一五〇分の一秒から一秒の範囲で、さまざまであった。無意味綴りが提示されるたびに、被験者はそれを報告するように求められた。しかし、短い提示時間のときには、被験者は無意味綴りを認知できなかった。

このテストでは、被験者の皮膚電気反応（GSR）も同時に記録された。皮膚電気反応は、被験者が不安などをもったときなどに増大することが知られている。[11] 結果を分析したところ、被験者は不安条件づけをされた無意味綴りを提示されると、それを正しく認知できたときはもちろん、認知できなかったときも、大きな皮膚電気反応を示したことがわかった。一方、不安条件づけをされなかった無意味綴りが提示されたときは、皮膚電気反応は小さかった。このように、提示された無意味綴りを被験者が認知できなかったときも、それらが以前電気ショックをともなったか否かに応じて、皮膚電気反応は異なる反応を示したのである。

好悪判断

人は同じものを何度も見ていると、それに対してしだいに好意をもつようになることが知られている。ザイアンス（Zajonc, R.B.）らはこの現象を利用して、知覚されない刺激が人の情動反応に影響を及ぼすことを示した。[12]

彼らの実験では、まず二〇種類の無意味な図形刺激（さまざまな八角形）が準備された。被験者は、そのなかの一〇種類の図形を、それぞれ五回見せられた。しかしその提示時間が極端に短かったために（一〇〇〇分の一秒）、被験者はまったく知覚できなかった。

次にこれらの一〇種類の図形刺激のひとつひとつが、残りの一〇種類の図形刺激のひとつとペアにして一秒間提示された。このとき被験者は、ペアで提示された二つの図形刺激のうちどちらが好きか（好悪判断）、さらに、以前に提示されたのはどちらの図形であるか（再認）を答えさせられた。

その結果、被験者はどちらの図形が以前に提示されたかはほとんど判断できなかった。これは、最初の提示時間があまりに短すぎて認知できなかったためである。しかしそれにもかかわらず、好悪判断においては、多くの被験者が、以前に提示されていた図形の方を好ましいと答えた。

対人印象

イーグル（Eagle, M.）は閾下レベルで提示された絵画情報が、その後に提示される人物の印象評価に影響を及ぼすことを示している[13]。

その実験では、被験者を二つのグループに分け、一方のグループにはある青年が攻撃的なふるまいをしている絵を、他方のグループには同じ青年が優しくふるまっている絵を知覚不可能な閾下レベルで提示した（図3）。次に中性刺激を両グループの被験者に提示し、そこに描かれている青年の印象を、あらかじめ準備された評定リストを用いて答えさせた。さらにその後で中性刺激を取り去った後に、そこに描かれていた人物を記憶をたどって描くことを求めた。

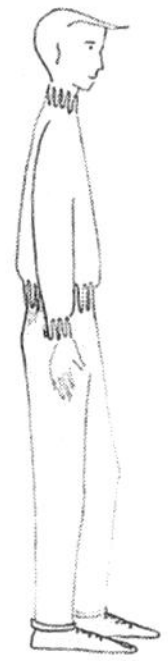

図3　閾下提示された絵画情報が人物の印象判断に及ぼす効果を調べた実験で用いられた刺激図。上の左は攻撃的な絵，右が優しくふるまっている絵。下は印象判断のための中性の絵（Eagle，1959）[13]

その結果、先に攻撃的な絵を提示されたグループでは、評定リストでネガティブな評価が多かった。また、記憶をたどって描いた絵も、優しくふるまっている絵を示されたグループに比べて、攻撃的な人物として描いたものが多かった。

表情判断

閾下知覚に関する最近の試みを紹介する。アンダーウッド（Underwood, G.）は、テレビ放送を用いた大規模な実験をおこなった。[14] 英国BBC放送のあるテレビ番組のなかで、微笑んでいる女性の顔を五〇分の一秒だけ閾下レベルで七回提示した。その後、無表情な女性の顔を提示し、視聴者にそれがハッピーな顔か、悲しそうな顔かを判断してもらった。テレビネットワークの半分の地域では閾下刺激（微笑んでいる女性の顔）が提示され、残りの半分の地域では提示されなかった。回答は約二万人から寄せられたが、その結果、微笑んでいる女性の顔を閾下レベルで放映された地域では、無表情な女性の顔を悲しそうな顔と判断した人が多かった。この結果についてアンダーウッドは、一種の対比効果であると説明している。つまり、閾下レベルで提示されたのが微笑んでいる顔であったので、その次に提示された無表情な顔はその反対に悲しそうな顔と判断されたというのである。

しかしながら、同様の試みを実験室で再現したところ、このような効果は認められなかったという。それゆえ、この実験をどう評価するかは難しい。

閾下刺激として提示された顔の表情判断に関しては、脳画像技術を用いた研究も報告されている。ウェーレン（Whalen, P.J.）らは、情動反応を示した人の顔写真を被験者に知覚できない閾下条件で提示し、被験者の脳の活動をファンクショナルＭＲＩ（ｆＭＲＩ）とよばれる脳画像法で記録した。その結果、被験者は写真の表情を識別できなかったにもかかわらず、提示された顔写真が幸せな顔か恐れの顔かによって、脳の扁桃核が異なる反応を示した。(15)

情動反応はなぜ生じるのか

ここで紹介した研究は、いずれも見えない刺激によって情動的反応が喚起されることを報告している。しかし、これらの知見を疑問視する人も多い。そこでここでは、閾下刺激によって情動反応が生じるとすれば、それはいかなる理由によるのかを考えてみよう。

まず最初にとりあげられた実験例（見えない文字綴りによる皮膚電気反応の喚起）について考えてみよう。そこでは、あらかじめ条件づけされた不安反応が、見えない刺激によって喚起されることが示された。このような条件づけは、古典的条件づけとよばれており、唾液分泌や不安反応といった、非意図的な身体反応や精神反応の形成の基礎をなすと考えられている。

古典的条件づけの特徴のひとつは、意識的なコントロールができない点にある。たとえば、あるものに対して条件づけされた不安や恐怖感は、それが馬鹿げたことだとわかっていても止めることができない。このように、古典的条件づけが意識的なコントロールを受けにくいことは、逆にそれは無意識的なレベルで生じることを意味している。このように考えると、不安反応が閾下レベルの見えない刺激によって喚起される可能性は必ずしも否定できない。

さらに、感情や情動といった心理機能は、どちらかといえば意識的な統制を受けにくく、私たちの意識的な判断とは食い違っていたり、論理的な説明が不可能なことが多い。ザイアンスによれば、人は何度も提示された刺激に対して好感をいだくようになるという。しかしこの場合、その本人は自分の側に生じたそのような変化をはっきり意識できないし、その理由もわからない。同様に、たとえば異性の顔の好みに関しても、自分の好みのタイプの顔が、なぜそのような顔なのか、それなりの理由はつけられるが（たとえば俳優のだれそれに似ているから）、それが本当の理由なのかどうかは、はなはだあやしい（さらに、なぜその俳優の顔が好みなのかも説明できない）。そのうえ、このような対人印象や好みなども、自分の知らないうちに何らかの原因で条件づけされた結果なのかもしれない（10章参照）。もしそうであるなら、不安の条件づけと同様に、その他の情動反応や感情も、総じて無意識的なレベルで統制されやすく、それゆえ閾下レベルの刺激によって喚起される可能性が十分あると考えられる。

◇ ◇ ◇

両耳分離聴パラダイム——注意されなかった刺激の効果

両耳分離聴（dichotic listening）とは、ステレオヘッドフォンを用いて、左右の耳に異なるメッセージを同時に聞かせる方法である。このとき一方の耳に提示されたメッセージを追唱させると、被験者はもう一方の耳に提示されたメッセージの内容をほとんど理解できない[16]。この現象は、人はひとつのことに注意を集中すると、それ以外のことには注意を払えないことを示すものとしてとりあげられてきた。

ところがその後の研究で、両耳分離聴条件で注意されなかった刺激は、被験者がそれを言語報告できないにもかかわらず、潜在的に知覚されているらしいことがわかってきた。

コルテーン（Corteen, R.S.）とウッド（Wood, B.）は、あらかじめ不安反応を単語に条件づけし、それを両耳分離聴条件の無視された耳に提示して、皮膚電気反応を測定した[17]。その結果、被験者は無視した方の耳に提示された単語を認知できなかったと報告したにもかかわらず、同時に記録された皮膚電気反応は、先に不安反応を条件づけされた単語が提示されたときに、大きな反応を示していた。つまり、皮膚電気反応は被験者が認知できなかった単語に選択的に反応していたのである。

同様に両耳分離聴を用いた実験で、注意された方の耳（すなわち追唱を求められた方の耳）に提示されたあいまいな文章の意味が、もう一方の無視された耳に提示された単語によって影響を受けることが示されている。たとえば、一方の耳に "They threw stones at the bank yesterday." といった文章が提示されたとき、この文章のなかの "bank" という単語は、「銀行」という意味と「川岸」という意味があるので、二とおりの解釈が可能である。この場合、もう一方の（注意されない方の）耳に "river" という単語が提示された被験者は、追唱した文の意味を「昨日彼らは川岸に向かって石を投げた」と解釈した(18)。

これらの実験結果は、無視された方の耳に提示されたメッセージが、被験者に潜在的に知覚されていることを示唆している。しかし、両耳分離聴実験が無意識的な知覚過程を調べるための適切な方法であるかどうかは疑問がある。なぜなら、無視された方の耳に提示されたメッセージが、はたして本当に被験者に意識されなかったのか明確でないからである。被験者はそのメッセージを部分的に知覚できたのかもしれない。あるいは、それが提示された時点では意識的に認知できたにもかかわらず、あとで問われると思い出せなかったのかもしれない。さらに、否定的な研究結果も報告されている。たとえばある研究者は先に紹介したコルテーンとウッドの実験を追試したが、それを支持する結果は得られなかったと報告している。[19]

■注

(1) 視覚マスキングは、後に提示する視覚刺激を最初の視覚刺激の位置とは別の位置、たとえば、最初の刺激に隣接する位置や、最初の刺激を取り囲むようにして提示しても生じる。この場合のマスキングはとくにメタコントラスト（metacontrast）とよばれる。メタコントラスト条件では、二つの光が混同される可能性は少ない。フェラーらの実験をはじめとして、多くの閾下知覚に関する実験では、メタコントラスト条件で刺激を提示している。

(2) Fehrer, E. & Raab, D. 1962. Rection time to stimuli masked by metacontrast. *Journal of Experimental Psychology,* **63**, 143-147 ; Fehrer, E. & Biederman, I. 1962. A comparison of reaction time and verbal report in the detection of masked stimuli. *Journal of Experimental Psychology,* **64**, 126-130.

(3) Schiller, P.H. & Smith, M.C. 1966. Detection in metacontrast. *Journal of Experimental Psychology,* **71**, 32-39.

(4) Neumann, O. & Klotz, W. 1994. Motor responses to nonreportable masked stimuli : Where is the limit of direct parameter specification? *Attention and performance* XV. pp. 123-150.

(5) Taylor, J.L. & McClosky, D.I. 1990. Triggering of preprogrammed movements as reactions to masked stimuli. *Journal of Neurophysiology,* **63**, 439-446.

(6) Marcel, A.J. 1983. Conscious and unconscious perception : Experiments on visual masking and word recognition. *Cognitive Psychology,* **15**, 197-237.

(7) Fowler, C.A., Welford, G., Slade, R. & Tassinary, L. 1981. Lexical access with and without awareness. *Journal of Experimental Psychology : Genaral,* **110**, 341-362.

(8) Debner, J.A. & Jacoby, L.L. 1994. Unconscious perception : Attention, awareness and control. *Journal of Experimental Psychology : Learning, Memory and Cognition,* **20**, 304-317.

(9) McClelland, J.L. 1979. On the time relations of mental process : An examination of systems of processes in cascade. *Psychological Review,* **86**, 287-330.

(10) Lazarus, R. S. & McCleary, R.A. 1951. Autonomic discrimnation without awareness : A study of subcep-

tion. *Psychological Review,* **58**, 113-122.
(11) 皮膚電気反応については3章の注(18)を参照。
(12) Kunst-Wilson, W.R. & Zajonc, R.B. 1980. Affective discrimination of stimuli that cannot be recognized. *Science,* **207**, 557-558.
(13) Eagle, M. 1959. The effects of subliminal stimuli of aggressive content upon conscious cognition. *Journal of Personality,* **27**, 578-600.
(14) Underwood, G. 1994. Subliminal perception on TV. *Nature,* **370**, 103.
(15) Whalen, P.J., Rauch, S.L., Etcoff, N.L., McInerney, S.C., Lee, M.B. & Jenike, M.A. 1998. Masked presentations of emotional facial expressions modulate amygdala activity without explicit knowledge. *Journal of Neuroscience,* **18**, 411-418.
(16) Treisman, A.M. 1960. Contextual cues in dichotic listening. *Quarterly Journal of Experimental Psychology,* **12**, 242-248.
(17) Corteen, R.S. & Wood, B. 1972. Autonomic responses to shock-associated words in an unattended channel. *Journal of Experimental Psychology,* **94**, 308-313.
(18) Lackner, J.R. & Garrett, M.F. 1972. Resolving ambiguity : Effects of biasing context in the unattended ear. *Cognition,* **1**, 359-372 ; Mackay, D.G. 1973. Aspects of the theory of comprehension, memory and attention. *Quartetly Journal of Experimental Psychology,* **25**, 22-40.
(19) Waedlaw, K.A. & Kroll, N.E. 1976. Automatic responses to shock-associated words in a nonattended message : A failure to replicate. *Journal of Experimental Psychology : Human Perception and Performance,* **2**, 357-370.

9章　沈黙の手がかり

プライミング

知覚されない情報が私たちの行動に影響を及ぼすことを示す研究は多いが、そのなかでもっとも有力な実験方法は、プライミング（priming：あるいはプライミング効果）とよばれる現象を利用したものである。プライミングとは、先に与えられた刺激が後続する刺激の処理に影響を及ぼす現象である。プライミングは、知覚プライミングと記憶のプライミングに分けることができる。ここでは知覚プライミングを扱ったいくつかの実験を紹介しながら、私たちの行動が、意識されない情報によって左右される可能性について考えてみよう（記憶のプライミングについては10章でとりあげる）。

◇　◇　◇

知覚プライミングとは何か

知覚プライミングの先駆的研究であるメイアー（Meyer, D.E.）らの研究を例にとって説明する。[1]

彼らの実験では、二つの文字綴りが連続的に提示され、それぞれについて語彙決定が求められた。

語彙決定とは、提示された文字綴りが、実在する単語であるか否かを判断する課題である。二つの文字綴りの組み合わせは表1に示したとおりである。ここで問題なのは、二つの文字綴りがいずれも実在する単語の場合である。表に示されたように、この場合の単語の組み合わせは、二つの単語が互いに連想語の関係にあるか（例：パン―バター）、それとも無関係であるか（例：看護婦―バター）のいずれかだった。メイアーらはこのような実験条件で、語彙決定に要した時間（反応時間）を測定し

表1　語彙決定課題で用いられた刺激ペアの例（Meyer *et al.*, 1975）①

刺激のタイプ	例	正反応
連想語	BREAD－BUTTER （パン）（バター）	yes－yes
非連想語	NURSE－BUTTER （看護婦）（バター）	yes－yes
単語－非単語	WINE －PLAME （ワイン）	yes－no
非単語－単語	SOAM－GLOVE （手袋）	no－yes
非単語－非単語	NART－TRIEF	no－no

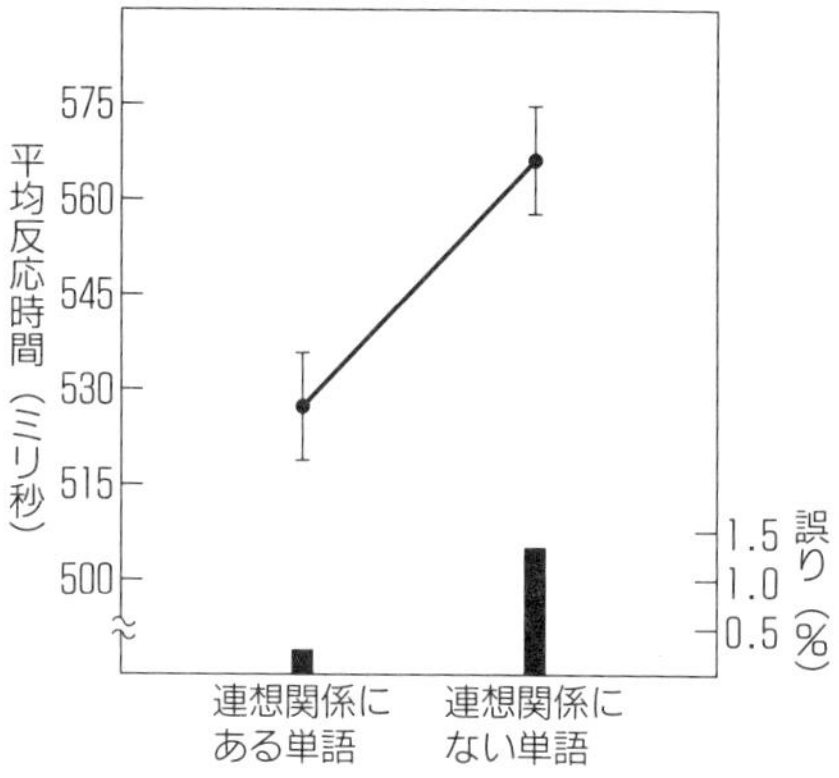

図1　プライム刺激が語彙決定反応時間（yes反応）に及ぼす効果。プライム刺激単語とターゲット単語が連想関係にある場合と，連想関係にない場合の比較。図には誤り反応の割合も示されている（Meyer *et al.*, 1975）①

た。図1は彼らの実験結果の一部であり、二番目の単語の語彙決定に要した時間（反応時間）を示す。図に示されたように、先に提示された単語が連想語の関係にあった場合の方が、無関係な単語であった場合よりも短かった。

このように、先行する刺激によって後続する刺激の処理が促進される現象は、ポジティブ・プライミング（positive priming）、あるいは単にプライミングとよばれる。これに対して後続する刺激の処理が抑制される現象は、ネガティブ・プライミング（negative priming）とよばれる。またプライミングを引き起こすための先行刺激をプライム刺激（prime stimulus）とよぶ。[2]

メイヤーの実験でプライミングがみられたのは、先に提示された単語が後で提示された単語の連想語である場合であった。すなわち、両者の間には意味的に関連があった。そこで、このような形でのプライミングは、とくに意味的プライミング（semantic priming）ともよばれる。また、二つの単語が音韻的に関連がある場合もプライミング効果が生じることが知られており、この場合は音韻的プライミング（phonological priming）とよばれる。

◇　◇　◇

閾下刺激によるプライミング

マスクされた単語刺激によるプライミング

プライミングは、先行する刺激が知覚されないときも生じることが示されている。その初期の研究

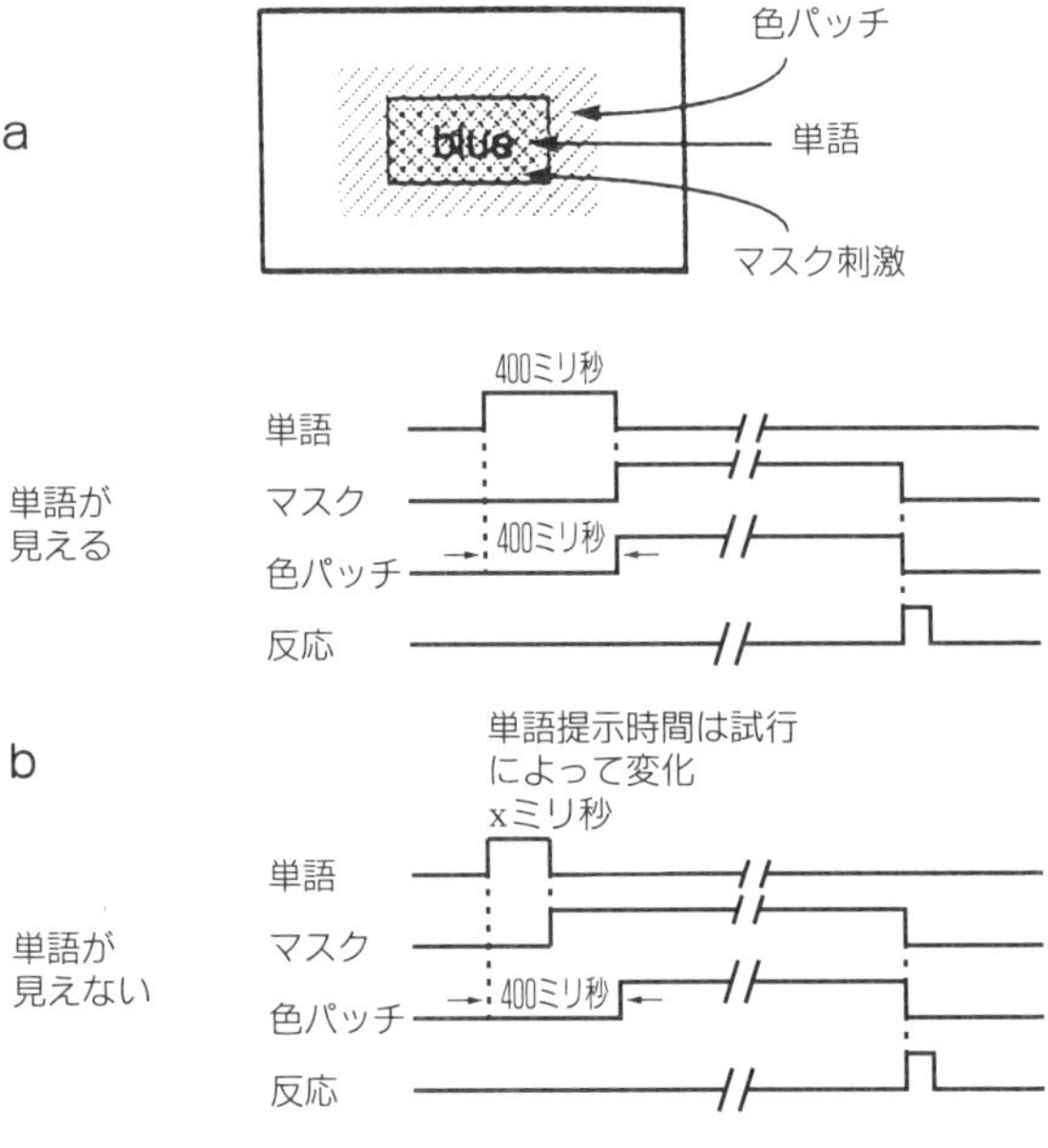

図2　マルセルの実験における刺激の空間的配置（a）と，刺激の提示順序（b）（Marcel, 1983）[3]

はマルセル（Marcel, A.J.）によって報告された。[3]

彼の実験では、まず色名を示す四つの単語（"red"，"blue"，"green"，"yellow"）のいずれかが瞬間的に提示された。ただし、この色名単語は、その直後にマスク刺激が提示されたために、被験者には知覚できなかった（図2）。次に四つの色刺激（赤、青、緑および黄色のパッチ）のいずれかが提示された。被験者の課題は、提示された色刺激を識別し、できるだけ速く四つのボタンのいずれかを押して反応することであった。

この実験の目的は、先に提示された色名単語が知覚されない場合でも、プライミングが生じるかどうかを検討することだった。実験結果は、プライミングが生じたことを示すものだった。なぜなら、先に提示された色名単語と色刺激が一致したときには、色刺激の識別反応は速くなったが、両者が不一致のときは、識別反応が遅くなったからである。

マルセルの実験結果は、その後の研究によっても支持されている。ファウラー（Fowler, C.A.）らは、意味的プライミングを用いた実験をおこなっている[4]。そこでは、先に提示された単語がマスク刺激によって知覚されない場合でも、後続する文字綴りの語彙決定に影響を及ぼすことが示された。すなわち、先に提示された単語が後続する単語と意味的に類似していると、語彙判断の反応時間は短くなったのである。

しかし、マルセルの実験結果を疑問視する研究者もいる。その理由は、マルセルの実験における閾値（すなわち最初の色名単語が見える場合と見えない場合の境目にあたる刺激の強さ）を決定する方法にあった。マルセルは、提示された色名単語を自由に報告させる方法で閾値を決定した。しかし、この方法は被験者の主観的な印象にあまりに依存した方法であると批判された。そこで、ある研究者は、強制選択法を用いて閾値を決定した。強制選択法とは、被験者が回答に迷った場合も、強制的に答えさせる方法である。このような方法で閾値を求めて実験をおこなうと、マルセルが報告したような、閾下刺激（被験者が知覚できない刺激）によるプライミングは見出せなかったのである[5]。それゆえこの種の研究では、閾値の決定方法が重要な要因であるといえる。

しかしその後、これらの問題点をふまえて、より改善された実験方法でおこなわれた研究では、マルセルの知見を支持する結果が得られている[6]。このため、知覚できない刺激によってプライミングが生じる可能性は否定できないと考えられている。

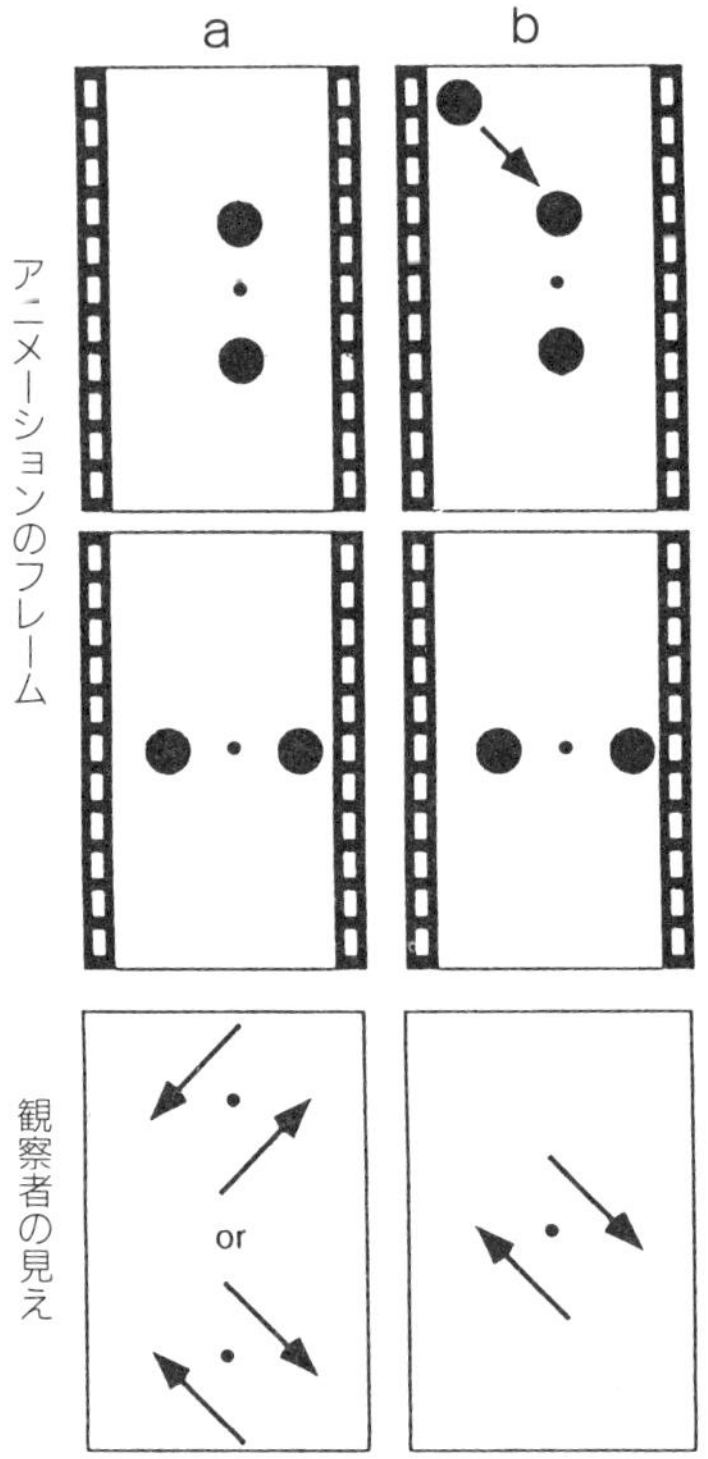

図3　視覚プライミングによる仮現運動の方向づけ。a：2つの刺激フレームを連続して提示すると，最下段に示したように右回り，あるいは左回りの仮現運動が見られる。フレームの中央のドットは注視位置を示す。b：最初の刺激フレームに左上から動いてくる小円を提示すると，右回りの仮現運動が見られる（Blake *et al.*, 1999）(7)

視野闘争を利用した実験

知覚できない刺激によるプライミングは、単語のような言語刺激以外の刺激を用いた知覚実験でも示されている。最近ブレイク（Blake, R.）らは、被験者には知覚できないプライム刺激によって、仮現運動の見え方が変化することを報告している。(7)

仮現運動とは、たとえば二つ並んだ光点を交互に点滅させると、ひとつの光点が往復運動をしているように見える現象である。ところで、図3aに示されたように、最初のコマで縦に並んだ二つの小円を提示し、次のコマで横に並んだ二つの小円を提示すると、被験者には最初に提示された縦に並んだ小円が斜め下あるいは斜め上に動いて、横に並んだ位置に到達したように見える。このとき、その運動方向は、図の一番下に矢印で示した二つの見え方（すなわち、左回りと右回り）のいずれかになる。ところが図3bのように、最初のコマで左上から小円が動いてきて上の小円にぶつかる運動を見せると、その次に横に並んだ二つの小円を提示したときに生じる仮現運動は、右回りの運動が多くなる。つまり、最初のコマで見せられた小円の運動がプライム刺激となって、次に見える仮現運動の見え方が決定されるのである。

ブレイクらは、プライム刺激（すなわち、最初のコマの左上の小円）が見えないようにしたときにも、プライミングが生じるかどうかを調べた。その実験方法は専門的でわかりにくいが、簡単にいえば、視野闘争（binocular rivalry）とよばれる現象[8]を利用して、図3bの最初のコマで示された左上の小円が被験者には知覚できないようにしたのである。その場合、被験者には図3aのように見えているはずだから、仮現運動は最下段に示した二とおりの見え方がほぼ等しい割合で生じるはずである。ところが実験結果はそのような予想を完全に裏切るものだった。プライム刺激（最初のコマの左上の小円）が視野闘争によって知覚できなかったときでも、プライミング効果が生じ、その直後の仮現運動はもっぱら右回りに生じたのである（図3bの最下段）。

このようにブレイクらは、視野闘争という特殊な現象を利用して、意識にのぼらない刺激が知覚過程に影響を及ぼすことを示した。この種の実験は現在のところほとんどおこなわれていないが、視野闘争の利用は、知覚の無意識的過程をさぐるうえでかなり有効な実験パラダイムとなる可能性がある。

先行刺激が後続刺激の処理に対して抑制的に働く場合がある。これをネガティブ・プライミングとよぶ。

◇ ◇ ◇ ネガティブ・プライミング

ネガティブ・プライミングに関するもっとも有名な研究はチッパー（Tipper, S.P.）らによるものである[9]。彼らの実験を紹介しながら、ネガティブ・プライミングとは具体的にどのようなものかを説明する（図4）。

彼らの実験では、まず赤の線画と緑の線画が重ねて短時間提示され、このとき被験者は赤の線画だけに注意を向けるように求められた（これをプライム試行〔prime trial〕とよぶ）。次に別の重ね絵が提示された。被験者は赤で描かれた線画が何であるかを、できるだけ速く口頭で答えるように求められ、その反応時間が計測された（これをプローブ試行〔probe trial〕とよぶ。プローブ試行とは、プライミングの有無を検出するためのテスト試行といった意味である）。この手順を刺激図形を変えて何度か繰り返した後、最後に再認テストがおこなわれた。再認テストでは、プライム試行で提示されたすべての線画が新しい別の線画と混ぜて提示され、被験者は、どれがプライム試行で提示された線画であるかを答えた。この再認テストによって、被験者が指示どおりに赤い線画に注意を向けており、緑の線画を無視していたことが確認された。なぜなら、赤い線画の再認率は七三％だったが、緑

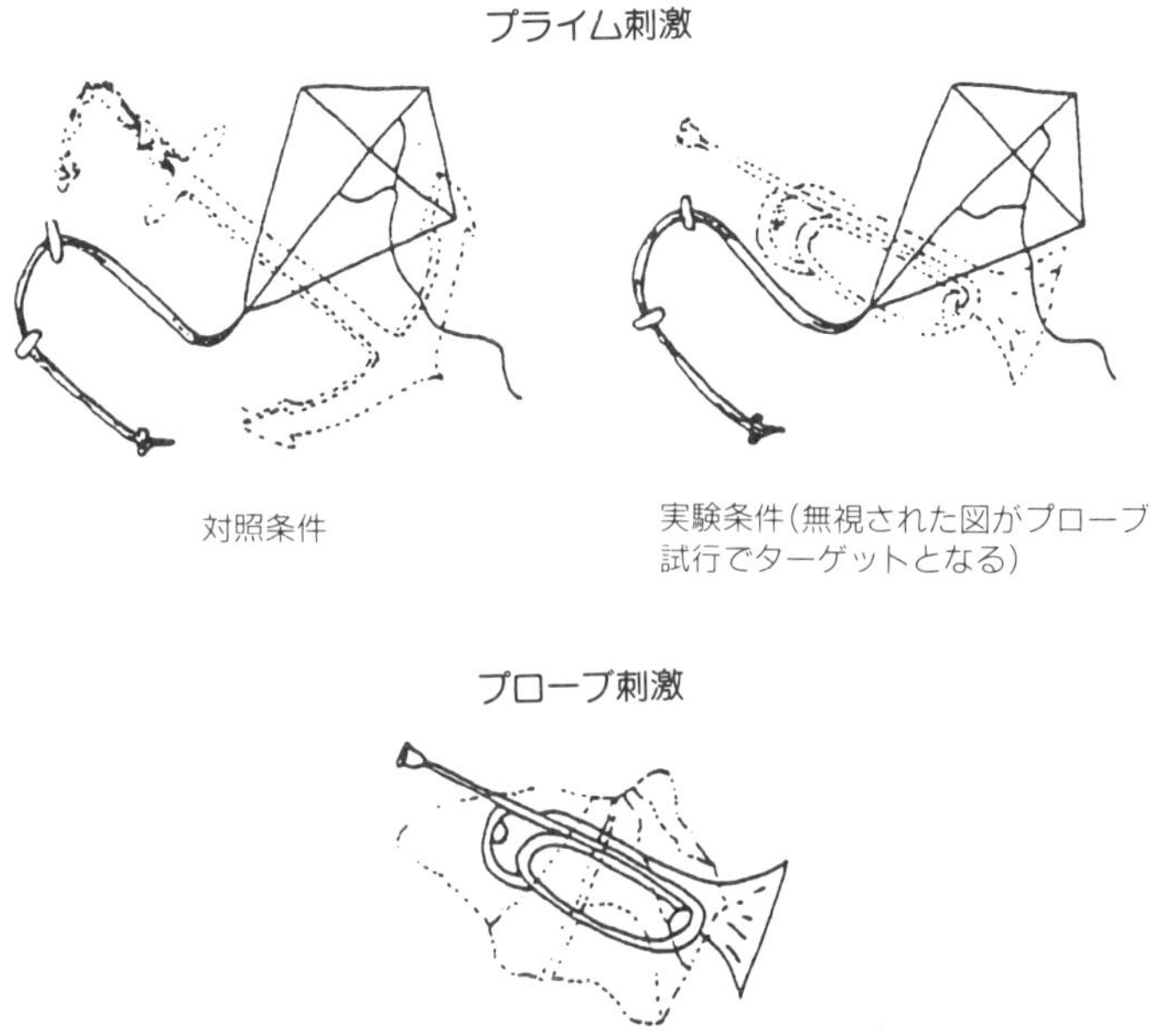

図4　チッパーらのネガティブ・プライミング実験で用いられたプライム刺激（上）とプローブ刺激（下）。実線の図形は赤で，点線の図形は緑で描かれたことを示す。被験者は赤の図形に注意した (Tipper & Cranston, 1985) ⑨

の線画の再認率は一二％にすぎなかったからである。

この実験の目的は、プライム試行で提示された緑の線画とプローブ試行で提示された赤の線画の関係によって、プローブ試行での命名反応時間がどのような影響を受けるかを調べることにあった。その結果、図4の実験条件のように、プライム試行で無視した緑の線画と、プローブ試行で命名反応すべき赤の線画が同じ対象物である場合（ラッパ－ラッパ）は、対照条件のようにそれらが異なる対象物である場合（錨－ラッパ）と比べて、命名に要する反応時間が長くなることが示された。

この実験結果は二つの重要な知見を提示している。そのひとつは、被験者がプライム試行で無視した刺激（緑の線画）が、その直後のプローブ試行での命名反応に抑制的な影響を及ぼしたことである。すなわち、ネガティブ・プライミングが示されたことである。このようなネガティブ・プライミングは、先に無視した絵が、あとで命名反応すべき絵となっていたときだけ生じ、二つの絵が異なるものであったときは生じなかった。このことから、プライム試行で無視された絵（緑の線画）は、単に無視されただけでなく、むしろその知覚処理が積極的に抑制されたと考えられる。そのために、次にその絵がプローブ試行で再び提示されると、命名反応が遅れたのであろう。

第二の重要な結果は、このようなネガティブ・プライミングは、プライム試行で無視した刺激（緑の線画）を、被験者が再認できなかったにもかかわらず生じたことである。つまり、プライム試行で提示された緑の線画は、被験者の意識に残っていなかったが、それにもかかわらず、プローブ試行での命名反応に抑制的な効果をもたらしたのである。

別の実験でチッパーらは、先行刺激と後続刺激が、意味的に関連がある場合でも、ネガティブ・プライミングが生じることを示している。すなわち、プライム試行で無視した線画と、プローブ試行で命名反応した線画が、同じカテゴリーに属するものであった場合（例：イヌ―ネコ）においても、両者が同じものを示す線画であった場合（例：イヌ―イヌ）と同様に、命名反応が遅れることが見出された。[10]

◇◇◇ストループ効果

ネガティブ・プライミングは、意識にのぼらない先行刺激によって、後続の刺激処理が抑制されることを示している。これとよく似た抑制現象としてストループ（Stroop）効果がある。これは、色インクで印刷された色名を読む際に、その色名とインクの色が異なると、読みの時間が長くなる現象である。普通、文字は黒インクで印刷されていることが多い。ところが、たとえば「赤」という文字が青いインクで書かれていたり、「緑」という文字が黄色のインクで書かれていると、読みが遅くなる。これはインクの色によって文字の読みが影響を受けるためである。しかもこのストループ効果は、文字によって表された色名と、その文字を書いたインクの色がまったく関係がないと頭でわかっていても生じる。その意味で、意識的な統制が難しい現象といえる。

ストループ効果は、この他にもさまざまな刺激を用いて示すことができる。その一例を図5に示す。[11]この場合、それぞれの枠内に提示された数字の個数を数えて報告する速さは、数字の示す値によって影響を受ける。たとえば、5が8つあるので「8」と答えなければならないが、数字が5であるために反応は遅くなる。実は先に述べたチッパーらの実験は、ストループ効果に関する研究にヒントを得て考案されたものなのである。

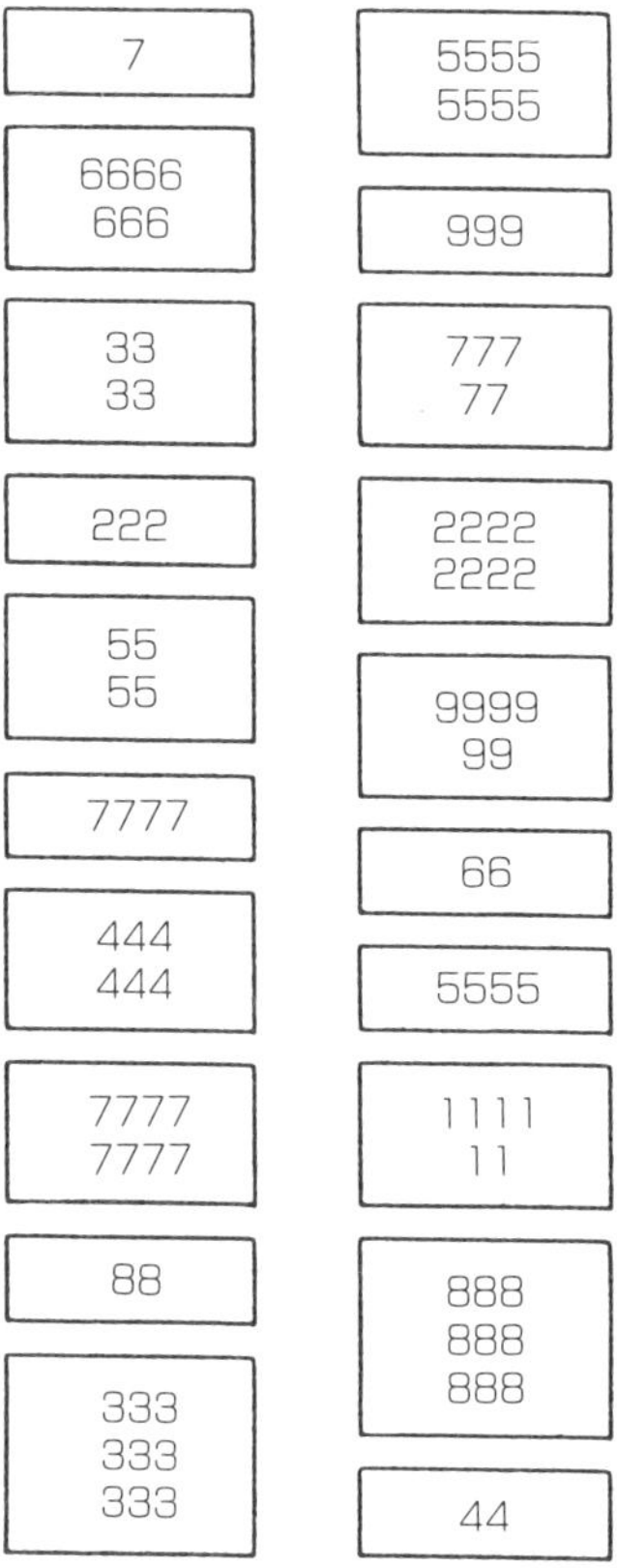

図5 数字刺激を用いたストループ効果の例（Schiffman, 1990）[11]

◇◇◇ プライミングのしくみ

本章では、プライミングを利用した実験をいくつかとりあげ、それらの実験によって示された知覚の無意識的過程について論じてきた。ここでは最後に、プライミングはなぜ生じるのか、そしてなぜそれが知覚できないプライム刺激によって喚起されるのかについて考えてみる。

メイアーらによって示された意味的プライミングは、脳内における言葉や概念の表現のされ方、すなわち意味表象の形態を反映していると考えられている。ただし、それは神経生理学的な物理現象のレベルの表象形態ではなく、認知心理学的なレベルでの表象形態である。

意味表象の心理学的なモデルはいくつか提案されているが、もっとも有名なのは活性化拡散モデル（spreading activation model）である。[12] 図6に示されたように、このモデルにおいては、各概念（意味）はノード（node）とよばれる楕円によって表される。さらに各概念は、意味的に関連するものどうしで、リンク（link）とよばれる線によって結ばれている。つまり概念は意味的関連にもとづいてネットワーク構造をなしていると考えられている。概念どうしの結びつきは、二つの概念の意味的関連が強いほど強固で密接であるとされる。さらに、各概念のもつ属性もまたひとつのノードを形成し、その概念と直接結びついているとされる（たとえば、消防車―赤）。

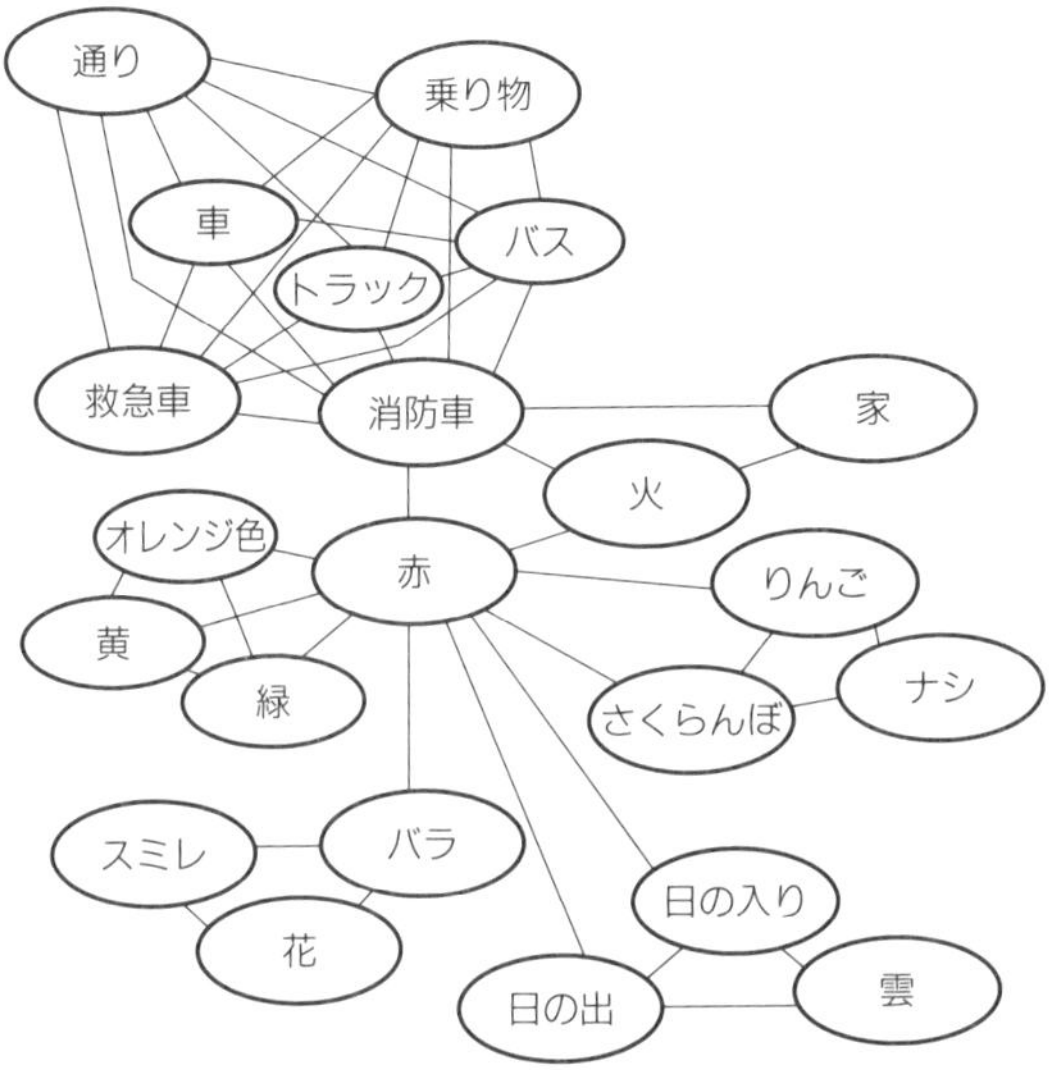

図6　意味表象の活性化拡散モデル（Collins & Loftus, 1975）[12]

　このモデルにもとづいて、プライミング

は次のように説明される。プライム刺激（単語）によってそれに対応するノードが活性化される。すると、活性化の拡散が生じ、リンクによって結合した意味的に関連のある概念のノードも活性化される。このため、プライム刺激のあとでそれと意味的に関連のある単語が提示されると、それに対応するノードはすでに活性化されているので、その意味処理はすみやかにおこなわれる。そのため、語彙決定や読みの反応時間は短くなる。

マルセルの実験などで示されたように、プライム刺激が意識レベルで知覚されなくても、プライミングが生じたのはなぜだろうか。おそらくその理由のひとつは、これらの実験ではプライム刺激を見えなくするために、マスキングが利用されたことであろう。先行刺激の直後に提示されるマスク刺激は、先行刺激の知覚的処理を中断するのではなく、先行刺激が意識にのぼるのを妨げるのだとする考えがある。もしこれが正しければ、マスクされたプライム刺激は、被験者の意識にのぼることなく、対応する意味表象のノードを活性化し、結果的に色刺激の命名反応を速めたと考えられる。

ネガティブ・プライミングもこれと同様に説明できる。チッパーらの実験で用いられたのは線画刺激ではあったが、それは容易に言語に変換できる具体的な事物を描いたものであった。ネガティブ・プライミングは、プライム刺激のなかの一方の絵を無視することによって、それに対応する意味ネットワークのノードの活性レベルが、通常のレベル以下に引き下げられた結果生じたと説明できる。

一方、ブレイクらが報告した運動知覚におけるプライミング効果は、これとは異なる説明が必要と思われる。なぜなら、この実験でのプライム刺激は視覚的な運動刺激であり、それによって影響を受

図7　3種の多義図形(若い娘と老婆)。左は若い娘に見えやすい図，右は老婆に見えやすい図。中央はその中間の図。最初に左の図を見ると，その後で中央の図を見ても若い娘に見えやすい。反対に最初に右の図を見ると，中央の図は老婆に見えやすい(Schiffman, 1990)[11]

けたのも、視覚的な運動知覚であるからである。つまり、言葉の意味やその脳内表象といったこととは無関係な現象だからである。ブレイクらの報告したプライミングは、むしろ知覚の履歴現象とよぶべき現象であると思われる。すなわち、ある見え方が生じると、その後もそれと同じように見ようとする構えなり態度といったもの（すなわち、知覚処理の方向づけ）が一時的に形成されることを反映している。同じような例は図7に示されている。それは知覚における文脈効果といってもよい。ブレイクの実験の目新しさは、それが被験者には知覚されないプライム刺激によっても引き起こされることを示した点にある。このような現象を支える視覚系の詳しいメカニズムは明らかでない。しかし、ブレイクの見出した実験結果は、知覚一般の特性を反映した現象であると思われる。

知覚過程は、さまざまなサブ・システムともよぶべき機能系の総合的な働きによって実現されている。[13] たとえば、本を読むとき、視覚系ではどのようなことが起こっているかを考えてみよう。まず文字がはっきり見えるように眼のレンズの厚さが調節され、両眼の視線はページの上の特定の文字に向かって調整される。また、注視した文字を読んでいるとき、すでにその先の文字情報を、無意識的に取り込んでいる[14]。これらの多くの働きのおかげで、スムーズな読みが実現されるのである。この場合、眼のレンズの厚さが変わったこと、眼が動いたこと、すでにその先の文字情報を読み込んでいることなどは、読み手には意識されない。つまり、知覚は多数の無意識的な働きの共同作業なのである。ブレイクが報告した実験結果は、そのような知覚の本質の一端を明らかにしたものと考えることができる。

■注

(1) Meyer, D.E., Schvaneveldt, R.W. & Ruddy, M.G. 1975. Loci of contextual effects on visual word-recognition. In P.M.A. Rabbit & S. Dornic (Eds.) *Attention and performance*, V. New York : Academic Press. pp. 98-118.

(2) ここで紹介したメイアーの実験では、先行するプライム刺激は、後続する刺激とは異なる単語であった。そこで、このように先行刺激と後続刺激が異なる刺激である場合に生じるプライミングは、間接プライミング（indirect priming）とよばれる。また先行刺激が後続刺激と同じ場合は直接プライミング（direct priming）とよばれる（直接プライミングの例は7章、10章を参照）。

(3) Marcel, A.J. 1983. Conscious and unconscious perception : Experiments on visual masking and word recognition. *Cognitive Psychology*, **15**, 197-237.

(4) Fowler, C.A., Welford, G., Slade, R. & Tassinary, L. 1981. Lexical access with and without awareness. *Journal of Experimental Psychology : General*, **110**, 341-362.

(5) Cheesman, J. & Merikle, P.M. 1984. Priming with and without awareness. *Perception and Psychophysics*,

36, 387-395.
(6) Kemp-Wheeler, S.M. & Hill, A.B. 1988. Semantic priming without awareness : Some methodological considerations and replications. *Quarterly Journal of Experimental Psychology,* **40**A, 671-692 ; Greenwald, A.G., Klinger, M.R. & Liu, T.J. 1989. Unconscious processing of dichoptically masked words. *Memory and Cognition,* **17**, 35-47.
(7) Blake, R., Ahlstrom, U. & Alais, D. 1999. Perceptual priming by invisible motion. *Psychological Science,* **10**, 145-150.
(8) 右眼と左眼に異なる刺激を同時に提示すると、どちらか一方の眼に提示された刺激だけが見えて、もう一方の眼の刺激は抑制されて見えなくなる。この現象を視野闘争とよぶ。
(9) Tipper, S.P. & Cranston, M. 1985. Selective attention and priming : Inhibitory and facilitatory effects of ignored primes. *Quarterly Journal of Experimental Psychology,* **37**A, 591-611.
(10) Tipper, S.P. & Driver, J. 1988. Negative priming between pictures and words in a selective attention task : Evidence for semantic processing of ignored stimuli. *Memory and Cognition,* **16**, 64-70.
(11) Schiffman, H.R. 1990. *Sensation and perception.* New York : John Wiley & Sons.
(12) Collins, A.M. & Loftus, E.F. 1975. A spreading activation theory of semantic processing. *Psychological Review,* **82**, 407-428.
(13) 本田仁視「視覚のサブシステム：optic flowをめぐって」『VISION』一一巻、一一三一一二八頁、一九九九年。
(14) Rayner, K. (Ed.) 1983. *Eye movements in reading : Perceptual and language processes.* New York : Academic Press ; Rayner, K. (Ed.) 1992. *Eye movemets and visual cognition : Scene perception and reading.* New York : Springer-Verlag.

10章　意識できない知識

健常者における潜在記憶と潜在学習

◇　◇　◇

記憶の潜在的特性

TOT現象

私たちの記憶内容は必ずしも常に必要に応じて意識にのぼるとは限らない。このことは日常生活のさまざまな場面で観察される。そのもっともわかりやすい例は、TOT現象（tip of the tongue phenomenon）である。これは〝喉もとまで出かかっている状態〟であり、自分が知っているはずの言葉が、思い出せない状態をさす。この現象は、口に出そうとしている言葉はたしかに記憶されているのだが、それをうまく探し当てることができない（すなわち検索できない）ために生じる。このような場合、探している言葉の代わりに、音が類似している言葉や、意味的に関連のある言葉が思い出されることが多い(1)ので、探している言葉の意味や音韻的な特性はある程度わかっている。しかし、肝心の言葉が出てこないのである。

ただし後になってその言葉が容易に思い出されることが多い。ゆえにTOT現象は一時的な現象であり、探していた言葉がいつまでも意識の外にあるわけではない。

エビングハウスの実験

TOT現象の例が示すように、私たちの記憶は、しばしば意識のコントロールからそれる。しかしこのような記憶検索の一時的な失敗を例にとりあげるまでもなく、記憶はほんらい潜在的な特性をもっている。このことは、エビングハウス（Ebbinghaus, H.）の古典的な実験でも示されている。(2)

エビングハウスは一九世紀後半に活躍した心理学者であり、ヒトの記憶について初めて本格的な実験的研究をおこなったことで知られている。彼は記憶材料として無意味綴り（意味をなさない文字列）を用いた。エビングハウスは、自分自身が被験者になって、無意味綴りのリストを完全に記憶できるまで学習した後、一定の期間をおいて再びそれを完全に記憶できるまで学習した。すると二回めの学習では、最初にそれを記憶したときよりも速く学習できることが示された。すなわち、学習に要する時間や試行数が少なかった。この場合の節約された時間（あるいは試行数）は、最初の学習での記憶の保持を反映していると考えられる。このような考えにもとづく記憶の測定法は、節約法（saving method）あるいは再学習法（relearning method）とよばれる。

ところでこのような実験においては、被験者が最初の学習内容を意識的に想起できなくても、二回めの学習では節約が観察される。たとえば、最初に学習した内容をまったく思い出せなくても、二回めの学習時間は短くなる。このことから、節約という現象は潜在的な記憶を反映していると考えられている。つまり、本人にはまったく意識されなくても、何らかの形で最初の学習内容が記憶されているのである。そのため、二回めの学習ではそれを利用することによって学習時間が短くなったと考えられる。

◇◇◇記憶のプライミング

すでに7章で紹介したように、記憶を失った健忘症患者においても、ある種の記憶は比較的良好に保持されていることがわかっている。このような潜在的な記憶の存在はさまざまな方法で調べられているが、そのなかでもプライミングを利用した方法は、もっとも有効な方法として注目されてきた。

この方法は神経心理学者ワリントン（Warrington, E.K.）とワイスクランツ（Weiskrantz, L.）によってはじめて使用された[3]。繰り返しになるが、もう一度その内容を簡単に紹介する。彼らはまず健忘症患者に単語のリストを提示した後、単語の一部（語幹）だけを提示して心に思い浮かぶ単語を報告させた（単語完成課題）。すると患者は先に提示された単語をかなり正確に報告した。しかし、一般的な記憶検査でおこなわれるように、先に提示された単語を想起するように求めると（再生課題）、患者はほとんど思い出せなかった。

単語の一部を提示された際に、患者が以前に提示された単語を思い浮かべたのは、プライミングによると考えられる。つまり、最初に提示された単語はプライム刺激として機能し、そのあとで提示された語幹からもとの単語を作り出す作業を促進させたのである。ここで重要なことは、これらの一連の過程は無意識のレベルで進行しているということである。なぜなら、患者は最初に提示された単語を思い出せなかったし、語幹を見て作り出した単語が以前に提示された単語であるとは気づいていないからである。

さて健忘症患者においてこのような形の潜在記憶(implicit memory)が存在するなら、健常者においても同様な記憶が存在するはずである。そこで、ワリントンとワイスクランツの用いた方法を健常者に適用して、潜在記憶の存在を立証しようとする試みが多数おこなわれてきた。ここではそのなかでも先駆的な研究であるタルビング(Tulving, E.)らの実験を紹介する。(4)

タルビングらの実験

彼らの実験では、まず被験者に単語のリストを提示してそれを覚えさせた。次にその一時間後あるいは一週間経ってから、再認課題と単語完成課題を与えた。再認課題では、以前に提示された単語に新しい単語を加えたリストを提示し、それぞれの単語が以前に提示されたものであるか否かを答えさせた。この方法は標準的な記憶検査の一種である。一方、単語完成課題では、被験者に語幹(tableという単語であればtab-)あるいは単語の一部(たとえばassassionという単語であれば-ss-ss---)を

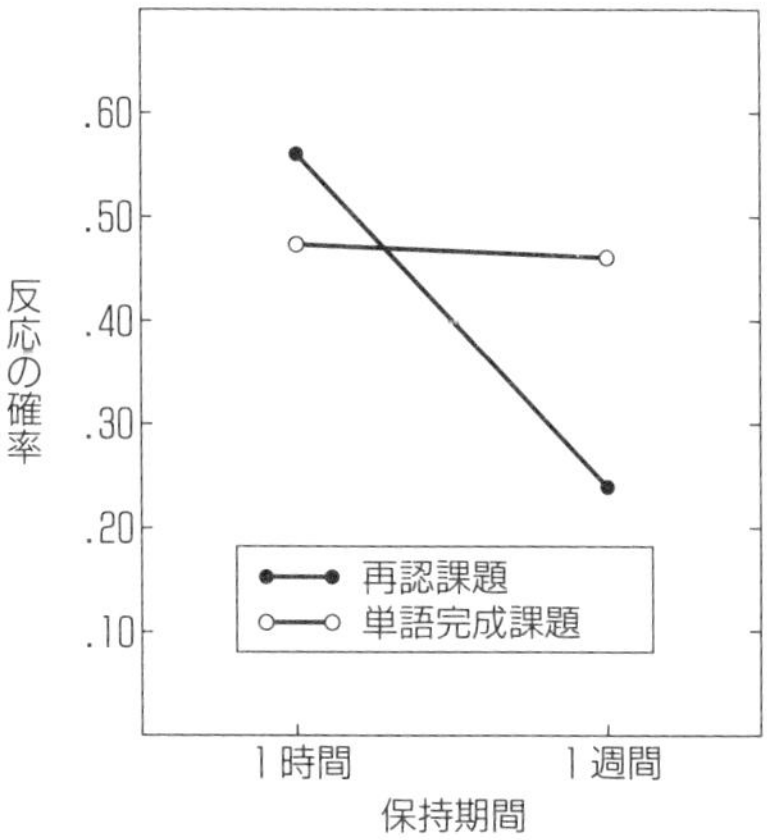

図1　タルビングらの実験結果。再認課題では保持期間が長くなると成績が低下するが，単語完成課題の成績はあまり変化しない (Tulving *et al.*, 1982)④

提示し、最初に頭に浮かんだ単語を報告させた。このとき、この課題が記憶を調べるためのものであることは、被験者にはいっさい教えなかった。なお、再認課題と単語完成課題が与えられる順序は被験者によって変えられた。

実験の結果は図1に示されている。それぞれの課題における一時間後と一週間後の成績の違いに注目されたい。再認課題の場合には時間の経過によって成績が急速に低下している。しかし、単語完成課題の成績はほとんど変化していない。この実験のもっとも重要な結果は、一週間後の時点での再認課題と単語完成課題の違いにある。再認課題の成績はひどく低下しているのに、単語完成課題の成績は良好なままである。つまり、被験者は以前に提示された単語のリストを思い出せないにもかかわらず、単語完成課題では以前に提示された単語を作り出したのである。

この知見はワリントンらが健忘症患者で見出した結果と同じである。健忘症患者と同じように、健常者も意識的に思い出すことができない単語を、単語完成という特殊な課題においては生成できたのである。

このような実験によって、タルビングらは健常者における顕在性の記憶と潜在性の記憶の違いを明確に示すことに成功した。顕在記憶（explicit memory）とは、以前に見聞きしたものを意識的に想起させたり（再生課題）、多数の項目のなかからそれらを選ばせること（再認課題）によって測定される記憶である。つまり、従来の記憶研究において広く用いられてきた検査法によって測定される記憶である。これに対して潜在記憶は、プライミングといった特殊な現象を応用した検査法によって確かめられる記憶であり、その内容を意識的に思い出すことができない。

非言語刺激の潜在記憶

タルビングらの実験では、単語が記憶材料として用いられた。それでは、単語以外の非言語的な記憶材料においても、潜在記憶は存在するのだろうか。シャクター（Schacter, D.L.）らは三次元物体を描いた二次元図形を用いて、この問題を検討している。[5] 実験方法はやや複雑でわかりにくいが、以下に簡単に紹介する。

彼らの実験では図2に示したような図形が用いられた。これらの図形の半数は実際に存在可能な三次元物体を表現したもの（すなわち可能な図形）であり、残りの半数は実際にはありえない物体を表現したもの（すなわち不可能な図形）であった。実験ではまず一〇個の可能な図形と一〇個の不可能な図形がランダムな順序で提示された。被験者はそれらの図形が提示されるたびに、それが左向きであるか右向きであるかを判断して報告した（この場合、被験者は図形を記憶するようにとは教示され

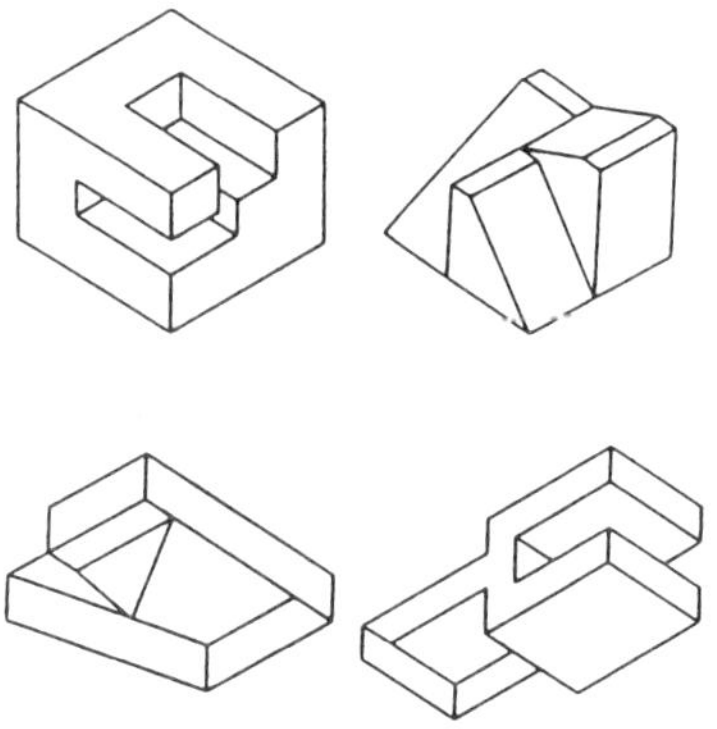

図2　シャクターらの実験で用いられた可能な図形と不可能な図形の例。上の２つの立体は現実に存在可能だが，下の２つは現実には存在しえない立体の線画である（Schacter *et al.*, 1991）[5]

ていない。それゆえ、非意図的に記憶されること〔すなわち偶発学習〕が期待された）。

　この後これらの図形に新しい図形を混ぜたリストが提示され、被験者には二種類の課題が与えられた。そのひとつは可能―不可能判断課題であり、被験者は提示された図形が可能な図形か不可能な図形かを判断して、できるだけ速くキーを押して反応することを求められ、その反応時間が計測された。もうひとつの課題は再認課題であり、被験者は提示された図形が以前に提示されたものか、それとも新しい図形であるかを判断して報告した（ちなみに、可能―不可能判断課題は潜在記憶の存在を確認するために用いられたのであり、再認課題は顕在記憶の測定のために用いられたのである）。

　その結果、次のようなことがわかった。第一に、可能―不可能判断課題での反応時間は、提示された図形が以前にも提示されたものであったときに短くなった。つまりプライミングが示された。第二に、このプライミングは、被験者が再認課題において図形を再認できなかったとき、すなわち、提示された図形が以前に提示されたものであるか否かを正しく判断できなかったときにも示された。この二番めの結果はきわめて重要である。なぜなら、再認課題は意識レベルでの記憶成績を評価するための課題なので、この課題で失敗したことは、被験者が提示された図形を意識レベルで記憶していなかったことを示しているからである。つまり、この実験結果は、可能―不可能判断課題でのプライミングが無意識のレベルで生じたこと、いいかえれば、潜在記憶の存在を立証しているのである。

さらにこの実験では、もうひとつ興味深い結果が示された。この実験では最初に図形リストを提示する際に、リストを一回だけ提示する条件と、四回繰り返して提示する条件が設定されていた。誰もが予測するように、再認課題の成績はリストの繰り返し提示によって向上した。しかし、可能―不可能判断課題には影響せず、プライミングはリスト提示の繰り返し回数に関係なく観察されたのである。この結果は、顕在記憶と潜在記憶がまったく異なるメカニズムによって支えられていることを示唆している。

このシャクターらの実験方法は、健常者における潜在記憶を調べる有力な方法として、その後の研究の発展を促した(6)。

潜在記憶と顕在記憶の比較

◇　◇　◇

顕在記憶は普通の意味での記憶であり、意識のコントロールを受ける記憶である。これに対して潜在記憶は、意図的に思い出せない記憶であるが、プライミングなどを利用した特別な方法によってその存在を確認できる記憶である。これ以外にも潜在記憶と顕在記憶はいくつかの点で質的に異なることが多くの研究者によって指摘されている。そのおもなものを紹介する。

第一に、顕在記憶は記憶材料を記銘する際の方法によって大きく影響を受ける。たとえば、記憶材料として提示された単語をただ見ているだけか、それともその単語と反対の意味をもつ単語を報告するかなどによって、その後の再生や再認の成績は影響を受ける。しかし、潜在記憶はあまり影響を受けない。右に紹介したシャクターらの実験では、顕在記憶は記憶リストの提示回数によって影響を受けるが、潜在記憶は影響されないことが観察されている。これも記銘方法の違いが異なった効果をもたらすことの一例である。

第二に、最初に記憶材料が提示されたときの感覚モダリティ（すなわち、視覚的な提示か、それとも聴覚的な提示か）が、その後のテスト課題での感覚モダリティと異なると、潜在記憶は大きなダメージを受ける。しかし、顕在記憶はあまり影響を受けない。

第三に、顕在記憶は時間の経過とともに急速に低減するが、潜在記憶は比較的長続きする（これは図1に示されたタルビングらの研究でも示されている）。

第四に、健忘症患者で損なわれているのは顕在記憶であり、潜在記憶は比較的保持されている（7章参照）。

あることを学習してそれをマスターするということは、その内容について十分理解していることを意味する。たとえば、数学の方程式を解くことができるようになった学生は、その解答に至る計算の原理や手順を理解しているはずである。しかしある研究によれば、被験者が問題解決に必要な知識をもっていなくても、正しい答えを導き出すことがある。つまり、被験者は正しい答えを出したにもかかわらず、どのようにして自分がその答えを出したのかまったく理解できないし、他人にその解法を伝えることもできない。このような現象は潜在学習（implicit learning）とよばれている。

◇◇◇潜在学習

古典的研究

リーバーの人工文法学習についての実験　リーバー（Reber, A.S.）は、まず被験者にある文字列のリストを記憶させた[7]。その文字列は、実験者だけが知っている人工文法（すなわち一定の規則）にもとづいて作り出されたものであった。その人工文法の一例を図3に示す。この人工文法に従えば、文字列の最初の文字はXかVのいずれかでなければならない。もし最初の文字がXであれば、その次の文字はXかMのいずれかである。一方もし最初の文字がVであれば、その次の文字はVかTのいずれかである。さらに最初の二文字かVVであれば、その次の三番めの文字はRかTである。このようにしてさまざまな文字列が作られる。たとえば、VT、VVRX、VVTRX、XMT、XMVRXなどは文法に従った文字列であるが、VX、VMX、MRTV、XVVMRXXなどは文法に従っていない。

被験者が提示された文字列（これは人工文法に従って作られたものである）を完全に覚えたことを確認したあとで、文字列の分類課題が与えられた。そこでは、同じ人工文法に従って作られた新しい文字列と、人工文法に従わない文字列を混ぜたリストが提示され、それらを人工文法に従ったものと従わないものに分類することが求められた。被験者は分類課題が与えられるまで、人工文法の存在を教えられていなかった。このため、被験者は人工文法の原理を知らないはずだし、実際被験者自身もその文法がわからないと主張した。しかしそれにもかかわらず、被験者は分類課題においてチャンスレベル（でたらめにやったときの成績）以上の成績を示した。

一方、最初に人工文法に従った文字列ではなく、人工文法に従わないランダムな文字列を記憶させられた対照群の被験者は、分類課題に失敗した。

この実験結果は、人工文法に従って作られた文字列を記憶した被験者は、その文法の原理をまった

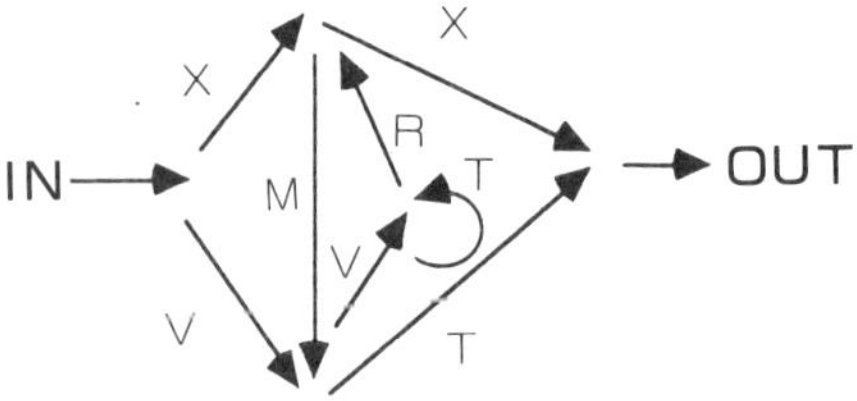

図3　人工的な単語を作り出すための文法。まずINから入って，矢印方向に進んでOUTに出る。その途中で経由した文字を経由順序に従って並べることで文字綴りを作る（Reber, 1967）[7]

く理解していないにもかかわらず、その原理を後の分類課題において利用できたことを示している。つまり、無意識のレベルで人工文法を学習していたのである。

さらにリーバーは、はじめから被験者に人工文法の存在を教えておき、提示された文字列リストからその文法規則を推測させると、何も教えられなかった被験者よりも、かえって後の分類課題の成績が悪くなったと報告している。(8)

ブロードベントの都市交通制御に関する実験　ブロードベント（Broadbent, D.E.）は、より現実場面に近い問題解決課題として、コンピュータ・プログラム上でシミュレートされた架空の都市の交通を制御する課題を用いた。(9) 被験者は、バスの利用客数と空駐車スペースの数をある目標値に設定しなければならなかった。そのために被験者が操作できるのは、駐車場の料金とバスの運行時間間隔の二つであった。しかしこの二つの変数は、被験者が知らない方程式で目標値と結びつけられており、変数にどのような値を入れれば目標を達成できるかわからなかった。(10) 実験では試行ごとに異なる目標値が設定され、そのつど与えられた目標値が達成されるようになるまで試行が繰り返された。各試行のあい間に、被験者は二つの変数と目標値の関係をどの程度理解しているかが質問された。

被験者は試行を重ねるにつれて、すばやく目標値を達成できるようになった。しかし被験者は質問には正しく答えることができなかった。すなわち、都市交通の制御には成功したのに、変数と目標値の関係がわかっていなかったのである。つまり、被験者は言葉では答えることができない（それゆえ、意識にのぼらない）潜在的な知識をもとに、課題をこなしていたのである。

最近の研究状況

リーバーやブロードベントらの報告は、潜在的な学習効果を示したものとして注目された。その後多くの追試実験や理論的検討がなされた。もちろん彼らの実験結果に否定的な研究も多数ある。これらの点は今後の研究によって明らかにされるだろう[11]。

彼らの実験とは異なる方法で潜在学習の存在を示す試みもなされている。その具体例をひとつだけ紹介する。ルイッキー（Lewicki, P.）は、人の顔写真を被験者に提示することで、その人物の外見（髪型）と性格との関係が潜在的に学習されることを示している[12]。用いられた顔写真は六人の女性であり、三人はロングヘアの女性、残りの三人はショートカットの女性だった。これらの写真はランダムな順序で提示されたが、その際、ロングヘアの女性の写真に対しては、その女性は親切な人物であるとの説明が加えられた。一方、ショートカットの女性の写真には有能な人物であるとの説明が加えられた（なお予備実験によって、このような方法で説明を加えても、被験者は髪型と性格の間に一定の関係があることにまったく気づかないことが確かめられていた）。

次に被験者は別の四人の女性の顔写真を提示された。二人はロングヘア、他の二人はショートカットだった。それらの写真の下には〝親切？〟あるいは〝有能？〟との質問が記入されていた。被験者はその質問に対して、できるだけ速く〝イエス〟あるいは〝ノー〟のキーを押して反応した。写真提示からキー押しまでの反応時間が計測された。

その結果、最初の六枚の顔写真を提示された際に与えられた情報と一致する質問をされた場合には、一貫して反応時間が長くなることが示された。すなわち、ロングヘアの女性の写真に対して〝親切？〟と問われたときには、同じ女性が〝有能？〟と問われたときよりも反応時間が長かった。反対に、ショートヘアの女性に対して〝有能？〟と問われたときは、〝親切？〟と問われたときよりも反応時間が長かった。同様の結果は、髪型と性格の関係を反対にした場合や、別の性格特性（〝気軽〟、〝忍耐強い〟）を髪型と組み合わせた場合にも示された。

このように、被験者は先の六枚の顔写真提示の際に与えられた情報（髪型と性格の関係）にまったく気づかなかったのに、反応時間は明らかに影響を受けた。このことは、髪型と性格の関係が潜在的なレベルで学習されていたことを示唆している。

ところで、あらかじめ与えられた情報と一致する写真を提示されると、なぜ反応時間が長くなるのだろうか。ルイッキーはそれをグルックスバーグ（Glucksberg, S.）とマクロスキー（McCloskey, M.）のモデルにしたがって説明している[13]。このモデルによれば、ある質問に答える場合、それに関連する情報（知識）をもちあわせていると、その知識を参照したうえで質問に答えるために、時間がかかる。しかし、関連情報がまったくなければ、デタラメに答えるか、あるいは目立った特徴（たとえば、目の大きさなど）をもとにステレオタイプに答えるので、反応は速くなると説明される。

潜在学習の問題点と意義

以上に述べてきたように、健常者における潜在学習の存在については、さまざまな実験方略を用いて検討されている。しかし問題点も多い。すでに述べたように、潜在学習の存在を確認できなかったとする報告もある。さらに、それぞれの実験で学習させられたことを、被験者は本当に意識化できなかったのだろうかという疑問もある。つまり、意識化できないことを確認するために用いられた方法が、はたして適切なものであったかどうかという疑問である。多くの研究では、被験者にさまざまな質問をして、被験者が実験操作に気づいていたかどうかを調べている。つまり〝言語化できるかどうか〟を、顕在学習と潜在学習を識別する基準にしている。しかし、このような被験者の主観的な反応にもとづいた調べ方は、はたして信頼できるのだろうか。この問題は、何をもって潜在学習とよぶべきかという、潜在学習の定義にかかわるやっかいな問題ともいえる。

一方、実験で示されたような潜在学習の現象は、実は私たちの日常生活でも、ごく自然な形で生じていることにも注意すべきである。たとえばそれは、私たちが母国語をあやつる際にも見られる。日本語を母国語とする私たちは、助詞の〝は〟と〝が〟を正しく用いることができる。しかし、その使い方の規則を正しく言葉で伝えることはなかなか難しい。日本語に不慣れな外国の人からそれを質問されても、（その道の専門家は別として）明確に答えることができない。多くの人は、「この場合は

〃が〃（あるいは〃は〃）の方が自然だ」としか答えようがない。

また別の例として、人の顔を評価する場合があげられる。私たちは誰でも、ある人の顔が自分にとって魅力的かどうかすぐに判断できる。しかし、それがどのような基準によるものかを、はっきりと言葉で表現することは難しい。私たちは、それを直感的に、自動的に判断するのであって、その基準や規則といったものを意識しているわけではない[14]。

潜在学習に関する実験的研究は、これらの日常的現象の基底にある無意識的な心理的メカニズムを解明するうえで、貴重な知見を提供するものと期待される。

■注

（1）Brown, R. & McNeill, D. 1966. The “tip of the tongue” phenomenon. *Journal of Verbal Learning and Verbal Behavior*, **5**, 325-337.

（2）Ebbinghaus, H. 1855. *Über das Gedächtnis*. Leipzig : Dunker.（宇津木保訳『記憶について』誠信書房、一九七八年）

（3）Warrington, E.K. & Weiskrantz, L. 1970. Amnesic syndrome : Condition or retrieval? *Nature*, **228**, 628-630.

（4）Tulving, E., Schacter, D.L. & Stark, H.A. 1982. Priming effects in word-fragment completion are independent of recognition memory. *Journal of Experimental Psychology : Learning, Memory and Cognition*, **8**, 336-342.

（5）Schacter, D.L., Cooper, L.A., Delaney, S.M., Peterson, M.A. & Tharan, M. 1991. Implicit memory for possible and impossible objects : Constraints on the construction of structural descriptions. *Journal of Experimental Psychology : Learning, Memory and Cognition*, **17**, 3-19.

（6）そのような研究の例として、Seamon, J.G., Williams, P.C., Crowley, M.J., Kim, I.J., Langer, S.A., Orne, P.

J. & Wishengrad, D.L. 1995. The mere exposure effect is based on implicit memory : Effects of stimulus type, encoding conditions, and number of exposures on recognition and affect judgments. *Journal of Experimental Psychology : Learning, Memory and Cognition,* **21**, 711-721.
(7) Reber, A.S. 1967. Implicit learning of artificial grammars. *Journal of Verbal Learning and Verbal Behavior,* **6**, 855-863.
(8) Reber, A.S. 1976. Implicit learning of synthetic languages : The role of instruction set. *Journal of Experimental Psychology : Human Learning and Memory,* **2**, 88-94.
(9) Broadbent, D.E. 1977. Levels, hierarchies, and the locus of control. *Quarterly Journal of Experimental Psychology,* **29**, 181-201.
(10) ちなみに，ここで用いられた方程式は，$L=220t+80f$, $S=4.5f-2t$ であった。ここでLはバスの乗客数，Sは駐車場のスペース，tはバスの運行時間間隔，fは駐車料金である。
(11) 潜在学習に関する最近の研究動向は，Underwood, G. (Ed.) 1996. *Implicit cognition.* Oxford : Oxford University Press に詳しい。
(12) Lewicki, P. 1986. Processing information about covariations that cannot be articulated. *Journal of Experimental Psychology : Learning, Memory and Cognition,* **12**, 135-146.
(13) Glucksberg, S. & McCloskey, M. 1981. Decision about ignorance : Knowing that you don't know. *Journal of Experimental Psychology : Human Learning and Memory,* **7**, 311-325.
(14) Lewicki, P., Czyzewska, M. & Hoffman, H. 1987. Unconscious acquisition of complex procedural knowledge. *Journal of Experimental Psychology : Learning, Memory and Cognition,* **13**, 523-530.

終章　意識と無意識

本書では、さまざまな症例研究や実験を参照しながら、意識現象とその基底にある無意識的な心のプロセスについて考えてきたが、最後にこれまで各章で明らかにされた知見にもとづいて、意識とは何か、そして無意識とは何かについてあらためて考えてみる。

◇◇◇意識の種類

まず、意識について考える前に、一般に〝意識〟という用語がどのような意味で用いられているかを整理しておく。意識は少なくとも三つの意味で用いられる（図1）。

そのひとつはさまざまな覚醒水準を意味する場合の意識である。つまり、人は睡眠と覚醒を毎日繰り返しているが、昏睡状態の対極として体験される〝はっきりした目覚めの状態〟をさす意識である。その中間には、さまざまな意識状態があり、〝うとうとしている状態〟〝入眠期〟〝軽い眠り〟などと

- 意識
  - 覚醒水準としての意識
    - 正常な覚醒－睡眠
    - 特殊な意識状態（混濁，譫妄，狭窄）
  - 認知機能としての意識（対象意識）
  - 自意識
    - 自我意識（主体としての自分に関する意識）
    - 自己意識（対象化した自分に関する意識）

図1　意識の分類。意識の分類の仕方は研究者によって多少異なるが，ここではより一般的と思われる分類を示した

表現される。この場合の意識はもっぱら生理学的な研究の対象となる。[1]このような睡眠－覚醒といった意識の変化は、誰もが体験する正常な生理的現象であるが、そのほかに、たとえば器質性の精神障害でたびたび生じる意識混濁《こんだく》（意識の清明性が失われた状態）や譫妄《せんもう》（意識混濁を背景にして興奮状態や幻覚が生じた状態）、さらに催眠術をかけられたときにみられる意識狭窄《きょうさく》（意識の範囲が狭まった状態）なども、広い意味では覚醒水準としての意識に含まれる。

次に、外界の様子や出来事を心のなかに映し出したり、思い浮かべたりすることができる状態、さらには他人の言葉が理解できたり、与えられた問題を解決したりするといった心の状態を意味する意識がある。いわば、認知機能としての意識である。認知機能としての意識は、一定の対象に関係する働きであるから、対象意識とよばれることもある。

三つめは、自意識（self-consciousness）とよばれるもの、すなわち自分自身に関する意識である。自意識は、自我意識と自己意識に分けられる。

自我意識とは、自分自身が行為の主体であると認識したり、自分は心身ともにまとまりのあるひとりの人間であることや、過去の自分と現在

の自分は同じ自分であることを認識したり、自分は他人とは区別される存在であることを認識する意識である。

これに対して自己意識とは、自分を対象としてみた場合の意識である。たとえば、自分の容貌や性格、能力に関する自分の考え（自己概念あるいは自己像）、自分の能力に関する確信（自己効力感）、自分を価値あるものとみなす自尊感情、自分に注意を向けている意識状態（これを狭い意味で自己意識とよぶことが多い）などは自己意識に含まれる。

自己意識は自分を観察の対象とみなした意識であるので、先に述べた対象意識に近いともいえるが、自分自身にかかわる意識なので、対象意識とは明確に区別される。いずれにせよ、ここでは自我意識と自己意識の両方を含めて自意識とよぶことにする。自意識はもっとも高度な意識機能と考えられる。

本書の各章でとりあげられたテーマは、以上の三つの意識のうち、認知機能としての意識と、自意識に関連するものであった。

◇◇◇ 意識研究の現在

本書では、意識とは何かを考えるうえで重要と思われる神経心理学的な症例研究や、心理物理学的（実験心理学的）研究の成果をいくつか紹介した。著者はこのような具体的知見を多数集積し、それらをさまざまな角度から検討することは、意識とは何かを明らかにするために不可欠な第一歩であると考えている。同時に、現段階の研究状況では、意識に関する統一的な説明や理論を提案することはかなり難しいと感じている。しかしながら先駆的な研究者たちは、「意識とは何か」という難問に対して、すでにいくつかの興味ある問題提起や、理論の構築を試みている。ここではそのおもなものをとりあげ、意識研究の現状について簡単にみてみよう。

意識のハードプロブレム

意識の問題にとりくむ研究者の多くは、現在の研究技法や方略を発展させれば、意識の本質をとらえることができると考えている。たとえば脳研究者の多くは、やがては意識を脳の働きとして完全に説明できると信じている。心理学者もまた、心理実験や心理現象の詳細な観察を重ねることによって、いつかは意識を支える心理学的なメカニズムに迫ることができると考えている。

しかし、このような考えをまっこうから否定する人もいる。それらの人々は、現在のような研究アプローチを用いる限り、意識はけっして説明できないと主張する。その代表的な人物は哲学者チャルマーズ（Chalmers, D.J.）である。彼は、現在の研究方法はたしかに意識のある側面を明らかにすることはできるが、意識現象の本質的な問題は明らかにできないと述べている。[2] たとえば神経学者は、脳には物を見たり記憶したりするときに選択的な反応を示す神経細胞があることや、脳のある部分が特定の心理機能に関連していることを示した。これらの研究は、意識現象の基礎にある脳神経の働きを明らかにするうえで、大きな貢献をしていることは確かである。しかしチャルマーズによれば、これらの研究が扱っている問題は、意識を研究するうえでの中心的な問題ではない。意識の本質を明らかにするうえでもっとも重要なことは、「ある波長の光を見たときなぜそれは青く見えるのか」といった疑問に答えることである。つまり、ある光に対して脳の神経がどう反応するかではなく、その光は（あるいはその光によって生じた脳内の物理過程は）なぜ「（赤ではなくて）青く見える」という主観的体験（このような質的体験をクオリア〔qualia〕とよぶ人もいる）を引き起こすのかを説明しなければならないというのである。チャルマーズは前者のような問いをやさしい問題、後者のような問いを難解な問題（ハードプロブレム）とよんで区別し、現在の科学が明らかにできるのはやさしい問題だけだと主張している。

それでは、チャルマーズのいう難解な問題を解くにはどうしたらよいのだろうか。彼によれば、それは現在の自然科学が用いている方法では不可能であり、まったく異なる発想が必要だという。しかし、それが具体的にどのような方法なのかはわからないという。

チャルマーズの指摘はいうまでもなく正しい。しかし、問題を指摘するだけでは解決にならない。むしろ、そうした問題を十分に認識したうえで、現在考えられる研究方略を洗練し、それと同時に新しい研究方略の発見や、新しい理解の枠組みの構築に努めていくことが必要なのだろう。

視覚意識の神経相関

多くの脳研究者は、脳の研究が進めば意識も解明されるだろうと信じている。その代表的な人物は

DNAの研究でノーベル賞を受賞したことでも知られるクリック（Crick, F.）である。彼はコッホ（Koch, C.）とともに精力的に意識の神経科学的な解明を試みている。彼らは、意識現象に関連する脳の神経細胞を見つけ出したり、それらが他の神経細胞群とどのように連絡をとっているかを詳細に調べることによって、やがては意識が生じるしくみを説明できるようになるだろうと述べている(3)。

クリックらはとくに視覚意識に焦点をあてて、その神経学的基礎をさぐっている。それは視覚に関する研究が、神経科学や心理学の領域でもっともすすんでいるからである。

クリックらは、なかでも視野闘争とよばれる心理現象を利用した研究に注目している。視野闘争とは左右の眼に異なる刺激を提示するとどちらか一方の刺激だけが知覚される現象である。つまり、一方の眼に与えられた刺激は意識にのぼるが、もう一方の眼に与えられた刺激は意識にのぼらない。それゆえ、もし意識された方の刺激にだけ選択的に反応する細胞があれば、それは意識に対応して反応する細胞であるといえる（意識に対応した神経活動は、意識の神経相関〔neural correlate of consciousness：NCC〕とよばれる）。

マサチューセッツ工科大学のロゴセティス（Logothetis, N.K.）らは、この現象を利用した実験をおこない、意識現象に対応すると思われる神経活動を見出している。彼らはサルの左右の眼に傾きの異なる縞模様を提示し、どちらか一方の傾きが知覚されたときに反応するようにサルを訓練した後、視覚野の細胞の反応を調べた。その結果、第一次視覚野（V1）や第二次視覚野（V2）とよばれる比較的低次の視覚野の細胞は、サルの知覚経験に対応した反応をほとんど示さなかったが、比較的高次の第四次視覚野（V4）とよばれる領域ではその半数近い細胞が、知覚体験に対応する反応を示した。[4] さらに彼らは、人やサルの顔などさらに複雑なパターンを刺激として同様の実験をおこない、上側頭溝《じょうそくとうこう》（superior temporal sulcus）付近や下側頭葉《かそくとうよう》の細胞の約九〇％が、知覚体験と対応して反応することを見出している。[5]

これらの知見からクリックらは、意識現象は、ある神経細胞群の活動に基礎づけられた現象であること、また刺激に反応する細胞がすべて意識現象にかかわっているのではないと述べている。とくに視覚意識に関しては、第一次視覚野の神経活動は無関係であると主張している。[6]

結合問題

特定の視覚経験に対応して選択的に反応する神経細胞が存在することは間違いない。しかし、そのような細胞が見つかっても、それが視覚意識を生じさせているという保証はない。

脳には特定の傾きの線分や形、色、運動、位置などに選択的に反応する細胞がいく種類も見つかっている。しかし、私たちが視覚的に知覚するのは、そのような個々の視覚的な特徴ではなく、たとえば「自分の友人が、自分から一〇メートルほど離れたところを、せっかちに歩いているのが見える」といった、具体的な事物や光景である。この場合、脳では友人の顔に反応する細胞や、特定の奥行き方向に反応する細胞、動きを感知する細胞などがいっせいに活動を開始しているにちがいない。しかし、右に述べたような具体的な視覚体験が生じるためには、これらの脳の異なる部位で生じた多数の細胞群の活動が、何らかの形で統合されなければならない。このような統合はどのようにしてなされるのだろうか。

この問題は、結合問題(binding problem)あるいは結びつけ問題として知られている。ドイツにあるマックスプランク脳研究所のジンガー(Singer, W.)らは、結合問題を解く鍵は、神経細胞活動の同期化現象にあると考えている。彼はネコに視覚刺激を提示し、大脳の視覚皮質にある複数の神経細胞の反応を同時に記録した。受容野の位置が異なる複数の細胞に、ある傾きの線分を同じ方向に動かして同時に提示すると、それらの細胞は活発な活動を示した。そのときの反応パターンを詳細に分析したところ、それらの細胞の反応パターンは時間的に揃っており、約五〇ヘルツ(一秒間に五〇回)の周期で変化していることがわかった。一方、それぞれの神経細胞に提示する線分刺激の運動方向をたがいに反対方向にすると、そのような同期化が見られなくなった。この結果は、それらの細胞が視野内の異なる位置にまたがるグローバルな刺激特徴(たとえば視野を横切って移動する垂直線)に対して、神経活動の同期化という形で、選択的に反応していることを示している。(7)

このような形で、個々の神経細胞がとらえた微視的な刺激特徴がグローバルな形に統合されるとすれば、同様の原理を結合問題の説明として適用できる。脳がこのような原理を実際に結合問題の解決のために用いているかどうかは確かでない。しかし、少なくともひとつの解決案を提案した点では、ジンガーの研究は高く評価されるべきであろう。

脳における情報表現

かつては情報は個々の神経細胞レベルで表現されているという考えが注目された。たとえば、人の顔に選択的に反応する神経細胞は、人の顔を知覚する働きをもっているとされた。私たちが外界の視覚表象を作り出せるのは、脳のなかにこのような細胞がたくさん備わっているからかもしれない。しかし、このような考えには否定的な意見が多い。第一に、もしその考えが正しければ、脳には、この世に存在するすべての事物の数だけ、特定の対象物に選択的に反応する細胞がなければならない。たとえば、イヌの顔に反応する細胞、バナナに反応する細胞、コップに反応する細胞などなどである。しかし、脳がこのような不経済なことをするだろうか。第二に多くの細胞は、唯一特定のものに反応するのでなく、それと形や大きさが似ているものにも反応する。つまり、反応の選択性にはある程度幅がある。だから、対象物と細胞の間に厳密な一対一の対応関係があるわけではない。第三に、細胞がある刺激に選択的に反応するといっても、たった一度だけ刺激を提示されたときの反応は弱い。多くの場合、刺激を何度も提示して、その反応を加算した後でないと、その細胞が特定の刺激に選択的に反応をしていることを見出せない。しかし、私たちは一度見ただけで、それが何であるかわかる。

このようなわけで、私たちの視覚体験を支えているのは、個々の神経細胞の働きではなく、神経細胞の集団的な活性化であると考えられる。つまり、多数の細胞のネットワーク的な活動が、視覚体験をはじめとする心理機能を支えていると考えられる(8)。

このような神経細胞の集団的な活動に意識現象の基礎を求める考え方は、次項で述べる意識の生成の問題、つまり、物理的な現象である脳の活動から、なぜ意識といった非物質的な現象が生じるのかという根本問題に関しても示唆的である。神経細胞の集団的な活動は、脳の広範な領域において生じるきわめて複雑なものであるにちがいない。その活動パターンは、現在の研究方法や理論では説明不可能なものかもしれない。そうした一種の複雑系ともよべる現象においては、個々の神経細胞レベルにあてはまる説明原理（物理学や生物学など既存の科学の説明原理）をこえたまったく新しい性質をもった現象が生じる可能性がある。意識はそのようにして作り出された現象として説明できるかもしれない。

自 意 識

自意識の問題は、意識をめぐる問題のなかでももっとも難しい問題である。なぜ私たちは、行為の主体が自分であることを自覚したり、自分自身の行為や状態を評価したりすることができるのだろうか。かつては、自分の脳内にはもうひとりの自分（ホムンクルス〔homunculus〕、つまり小人）がいて、自分自身の行動や、脳内のスクリーンに映し出された外界の映像を見ているという考えがあった。もちろんこのような考えが現在受け入れられるはずがない。

脳を研究している神経学者たちも、自意識を説明するのはきわめて難しいことを認めている。しかし、現在の研究段階で考えられるそれなりの仮説や説明を提案し、将来においてはより緻密で正確な説明がなされるようになるだろうと予測している。

アイオワ大学の神経学者ダマジオ（Damasio, A.R.）は、意識や言語をめぐる脳研究の指導的な研究者として知られている。彼は自意識の神経学的基盤について論じているなかで、脳がその構造のなかに個体の生命を維持する機構（脳幹や視床下部）を備えていることによって、個体全体の構造と状態を映し出す能力をもっていることに注目している。このことは、常に脳が同一の個体としての継続性を示す機能をもつことを示唆している。ここに、生物体としての存在である脳から自意識が生じる可能性がある。こうして脳に書き込まれた〝個体〟は、その一方で脳に伝えられた外界と相互作用をすることによって、自己と外界との区別を獲得し、ここから個体が心の過程の所有者であるとする認識、すなわち自己の概念が生じるという。ダマジオはこれらの働きの中枢として、視床や帯状回といった神経構造を重視している[9]。彼の考えはいささか抽象的ではあるが、意識の生成に関する斬新な仮説として注目に値する。

意識の生成

先述のようにチャルマーズは、現在の脳研究はいわゆる〝やさしい問題〟を解くのには適しているが、意識現象の本質に迫る〝ハードプロブレム（難解な問題）〟は解決できないと主張した。これは正しい指摘であるにはちがいないが、次元の異なる哲学論争のように思える。現場の研究者にとって、そのような問題は〝すでに十分承知はしているが、とりあえずそれは棚上げしておくべき問題〟なのである。

脳を研究している神経学者たちは、ある特定の刺激に選択的に反応する神経細胞を見つけ出したり、ある課題を遂行させたときに脳のどの部位の活動が高まるかといったことを熱心に調べている。その成果はめざましいものがある。しかし、それらの多くはいわゆる意識の神経相関（ＮＣＣ）を求めているのであって、そのようにして見出された神経活動が特定の意識体験をもたらしているとする直接的な証拠はない。もちろんそれらが意識を解明するうえで重要な手がかりとなることは確かである。しかし、意識の生物学的基盤、すなわち、脳がどのようにして意識を生み出すかは今のところまったくわからない。

この点に関して、神経生理学者ヒューベル（Hubel, D.）は、脳の働きに関する基本的な事実がもっと解明されない限り、かりに意識や心の生成に関する統一的なモデルや説明といったものが提案されても、それらはあまり意味がないと述べている。すなわち、そのようなモデルや理論を構築する以前に、まず大脳皮質の働きを支配している原理を明らかにすることが必要なのである。たとえば、皮質のさまざまな部位の間にみられる下位のレベルから上位のレベルの方向への神経連絡についてはもちろんのこと、その逆向きの神経連絡がいったいどのような役割を果たしているのか明らかにしなければならない。そのような問題が明らかになってはじめて、脳がどのようにして意識を生み出すのかを考えることができるというのである。このようにヒューベルは、意識について理解するには、その前に脳に関する事実を知らねばならないと主張している。これは傾聴に値する見解であると思われる。(10)

哲学者や数学者たちのなかにも意識の問題に関心をよせ、独創的なモデルや理論を発表している人たちがいる。[11] たとえば哲学者デネット（Dennett, D.C.）は、意識は脳内のさまざまな部位の働きの競いあいからもたらされるという考えを発表している。彼によれば、脳には多数の情報処理の経路が分散して存在している。それらの経路は絶え間なく同時・並列的に活動しているが、そのままではまとまりのある意識は生じない。まとまりのあるひとつの意識が生じるには、競合状態にある脳内のさまざまな部位の活動を連合させることが必要である。そのような連合を可能にする要因として考えられるのは、外部環境からの働きかけと、脳（おそらく前頭葉）がみずから発する探求的な問いかけだ、とデネットは述べている。率直に言って、彼の理論はわかりにくい。また、はたして科学的な議論といえるかどうかもおおいに疑問である。

一方、ある研究者たちは脳の働きを一種の複雑系的なシステムとしてとらえて、脳機能の基本原理を解明しようとしている。たとえば津田は脳の働きはカオス（chaos）的な神経活動によって変化する、ダイナミックなシステムとして説明できると述べている。[12] 脳における意識の生成は、このような新しいモデルによって説明できるかもしれない。

しかしながら、物理的な存在としての脳が、いかにして意識体験をもたらすのかといった問いに対する明確な答えはいまのところ見つかっていない。[13] もちろん本書でとりあげたさまざまな症例研究や実験的研究も、このような〝ハードプロブレム〟に答えることはできない。しかし、たとえば意識はどのような働きをしているのか、意識はどのような現れ方をするのか、意識はどのような構造になっているのかといった問題に対しては、いくつかの答えを準備することはできると思われる。

◇意識とは何か◇

なぜ意識系が必要か（対象意識の役割と構造）

脳の働きは、意識体験をともなうことの方がむしろ例外であるとすると、なぜ意識する能力を私たちは獲得したのだろうか。

意識を獲得したのはそれなりの理由があるはずである。つまり、意識することが必要とされたから、それを獲得したのである。ではその必要性とは何だろうか。おそらくそれは、意識にのぼることによって認知過程をモニターでき、認知機能が精緻化され、効率がよくなり、誤りをなくし、適切な判断や行為をもたらすことができるようになるからであろう。結果的にそれは私たちが生きていくうえで、ベストな行動の選択を可能にするのだろう（たとえば、視覚映像として現れた色や形や運動などの情報は、心のスクリーン上で比較されたり結合されることによって、効率よく適切な判断を導いたり、思考の材料となりうるのだろう）。これが認知機能としての意識（対象意識）の役割であると考えられる。つまり、脳は情報処理のなかのひとつの有効な処理段階として、意識という形での表現形式を発達させたのであろう。

一方、その必要がなければ、刺激情報は意識にのぼることなく、迅速かつ適切に処理され、その結果が利用されたり、知識や記憶として貯蔵されることになるのだろう。

このように、意識を経由する情報処理の経路と並んで、意識を経由しない経路も存在する。さまざまな無意識的心理現象はこのような意識を経由しない経路の働きによって支えられていると考えられる。そのどちらの経路が優位に機能するかは、その個体がおかれた状況に依存する。その状況とは、たとえば本書で紹介したようなさまざまな症例や実験状況であり、その個体の脳の特異な状態（盲視現象）や、情報が与えられる特殊な場面設定（プライミングや閾下知覚）といったものである。

脳の適応的行動としての意識体験（意識の現れ方）

幻肢や幻視に関する研究（1章、2章）は、患者がすでに失われた四肢の身体感覚や実在しない光景の視覚像を体験することを示した。これらの研究は、私たちの知覚経験が、実在する世界とは無関係に、脳のなかで作り出されることを示している。

幻肢や幻視といった現象は、それまで与えられていた感覚情報が断たれることによって、脳が誤った判断をした結果生じたものと考えられるが、むしろ脳の積極的な補償的（あるいは補完的）機能を反映していると考えることもできる。脳は、四肢を失ったり視覚を失った状態において、以前同様の、ひとつの完結した形で意識を統合することを試みているように思われる。つまり新たな自己完結をめざしているのである。手を失った患者が幻肢を体験し、視野欠損の患者が幻視を見るのは、そのような自己完結的な働きによると考えられる。それは、ある種の適応的なふるまいなのかもしれない。

同様なことは、病態否認に関する研究（4章）からも示唆される。皮質盲の患者が視野障害を否認したり、片麻痺の患者が四肢の機能障害を否認することがある。これらの症状は、身体の異常を感知した脳が、その情報を現在の心理的要求に一致するように修正したり、取り入れを拒否して、それなりに整合性のある自分を意識体験のうえで作り出していることを示していると考えられる。

自我意識の構図（意識の構造）

他人の手徴候やユーテリゼーション・ビヘィビア（5章）は、自分の意図と無関係に誘発された異常行動であるが、これらの症状は、私たちの外界に対する働きかけ行動が、ある種の階層性をなす処理システムによっておこなわれ、その一部に指揮命令系統の故障が生じたことを示している。つまり、行動の実行をつかさどる部分が、それを指揮命令、あるいは監視する部分から切り離された状態、あるいは両者間の連絡が不調になった状態と考えることができる。この場合、指揮命令ないし監視する部分の働きは意識にのぼるが、行動の実行部分は意識の外におかれる。このため患者には、自分の手が自分の意志に反して勝手に動いていると感じられる。つまり、行為の主体としての意識（すなわち自我意識）が侵害されたと感じるのである。それゆえ、行為の実行部分を指揮命令したり監視する脳部位は、意図的な行動を調整する自我意識の働きの一部をになっていると考えることができる。もちろん、手による運動行為は、私たちの日常的な行為のごく一部にすぎないので、これらの症例から推定される脳内のしくみをもって、自我意識の構造を理解できたとはいえない。しかし、少なくともこの種の研究が、自我意識を支える具体的な脳内のしくみを解明するための手がかりとなる可能性は否定できない。

さらに、すでに述べたように、脳における情報処理過程は、そのほとんどが意識されないままに実行されている。意識されるのは、その情報処理過程のある段階で形成された表現形式（表象）の一部にすぎない。しかし、半側空間無視や半側身体失認の症例は、それらの意識にのぼるはずの表現形式でさえも、最終的に意識にのぼるためにはある種の特殊な働きを必要としていることを示している。そのような働きが順調なときだけ、意識体験として私たちに経験される。つまり脳には、そのなかで生じている情報処理のプロセスを意識体験に結びつけるための特殊な機構があり、そのような機構が正常に作動することが、自意識の成立にとって不可欠であるように思われる。なぜなら、自我意識とは、自己の身体がまぎれもなく自分が所有するものと判断し、目に映ったものをまさに自分が見ている光景であると判断する働きだからである。

◆◆◆無意識の諸相

本書で紹介した症例研究や実験的研究の多くは、意識現象の基底には無意識的な心のプロセスが存在することを示唆している。これらの点についてはすでに各章で部分的に述べてきたが、ここではそれらの知見を簡単に要約・整理し、それをふまえたうえで再び無意識とは何かを考えてみる。

潜在的知覚

半側空間無視や半側身体失認などの無視症状（3章）において、無視された情報は患者の意識にのぼらない。しかしそれらは、潜在的なレベルで処理され、患者の行動に目に見える形で反映される。このような現象は潜在的知覚とよばれるが、これと同様の現象は、脳損傷患者で発見された盲視現象やそれを健常者で実験的に再現した研究（6章）、さらには相貌失認の患者における潜在的知覚の研究（3章）においても示されている。

健常者を対象とした閾下知覚やプライミングに関する研究も、無意識的な情報が人の行動に影響を及ぼすことを示している（8章、9章）。閾下知覚の実験の多くはマスキングとよばれる特異な知覚現象を利用したものであるが、それらの実験で用いられたマスク刺激は、先行して与えられた刺激が意識レベルで認知されることを妨げるものの、それが無意識レベルで処理されることを必ずしも妨げない。プライミングを利用した実験は、意識と行動の分離を立証するための信頼性のある研究方法のように思われる。プライミングに関する実験は多数報告されているが、それらの研究においては、意識できないプライム刺激によって、その後に提示された刺激情報の処理が影響を受けることが繰り返し報告されている。

潜在的記憶と学習

プライミングは、健忘症の患者の潜在的な記憶能力を確かめる方法としても有効であった（7章）。

同様な方法による実験は健常者を被験者としてもおこなわれ、潜在記憶に関する研究を促した（10章）。これらの研究によって、記憶は顕在的な記憶と潜在的な記憶に分類できることが明らかにされた。そして、そこからさらに、人の認知機能にはさまざまな種類やレベルがあり、私たちの意識にのぼるのはその一部にすぎないことも明らかにされた。このことは、潜在学習の現象に関する研究からも示唆されている。

無意識的運動遂行

他人の手徴候やユーテリゼーション・ビヘィビアの症例においては、患者の手が本人の意志とは無関係に動き出す（5章）。その原因となる神経学的しくみは異なるが、これらの症例は、脳内には運動遂行のための自動的・無意識的なプロセスが存在し、健常者においてはそれらの働きが意識レベルのコントロール・システムによって調整・制御されていることを示している。

これらの多数の事例から明らかなように、脳における処理過程やその結果は、多くの場合意識されない。意識されなくとも、その処理は進行し、必要に応じてその結果を行動に反映させる。つまり、私たちの日常行動は、必ずしも意識にのぼらない心理過程によって支えられている。これは、内臓の状態をコントロールする神経系の情報処理過程が意識にのぼらないのと似ている。意識にはのぼらないが、しかし確実に適切な形で処理がおこなわれ、個体の生命を維持している。それゆえ、心や脳の働きはほとんど意識にのぼらない過程であり、意識にのぼる過程がむしろ例外といえる。

脳における無意識過程

以上に述べてきたように、私たちの行動は多くの面で無意識的な心（脳）の働きに支えられている。つまり無意識の世界とよべるものが存在することは間違いない。しかしそれは、これまで精神分析学において主張されてきたような意味での無意識ではない。本書で論じた無意識とは、さまざまな症例研究（それは患者のふるまいを観察し、それを恣意的に解釈した類の研究ではなく、巧妙に作られた検査や実験を用いたものであった）や、健常者を対象とした厳密な実験的研究の結果、目に見える形で提示された具体的なデータにもとづいて明らかにされた心の働きである。

さらにそのような無意識は、意識と対立するものとして存在するのではない。人間の心の働きを支える脳のなかには、意識的な経路と無意識的な経路があって、常に個体と環境の適切な関係を維持するために、状況に応じて両者のいずれかの働きが優位になるような形で、いわば相補的に働いているのである。それゆえ、精神分析学で考えられているような意味での無意識、たとえば、自分の存在を脅かす観念や欲望といったものが、自我の働きによって抑圧されたものとして考え出された無意識ではない。

もちろん著者は、そのような精神分析学的な意味の無意識を否定するものではなく、またそのような考え方を評価する能力もない。むしろ本書で論じた無意識と精神分析学的な意味の無意識は、かなり次元が異なる話なので、そもそも比較することさえできないように思われる。しかし、おそらく将来においては、精神分析学的な意味での無意識をもたらす、具体的な脳のしくみが解明されるのではないかと思われる。たとえば、多重人格が抑圧された心的外傷によってもたらされるとする精神力動的な説明に加えて、そのような症状の神経生理学的あるいは神経化学的な基礎が明らかにされる日がくるかもしれない。このような可能性はおおいにありうる。なぜなら、たとえば、かつて小児自閉症(infantile autism)は、母親と子どもの間の心理的緊張によって生じた心因性の情緒障害であると説明されていたが、現在では中枢神経機能の広範囲におよぶアンバランスな成熟の遅れによると考えられているからである。いずれにせよ、意識と無意識に関する科学的研究が進めば、精神分析学やその流れをくむ人たち(たとえばユング学派)が主張していることを、より正しく理解できるようになると思われる。

■注

(1) MaGoun, H.W. 1963. *The waking brain*, 2nd ed. Springfield, Illinois : Charles C Thomas.(時実利彦訳『マグーン：脳のはたらき』朝倉書店、一九六七年)

(2) Chalmers, D.J. 1995. Facing up to the problem of consciousness. *Journal of Consciousness Studies*, **2**, 200–219 ; Chalmers, D.J. 1995. The puzzle of conscious experience. *Scientific American*, December, 62–65.(松本修文訳「意識をどのように研究するか」『日経サイエンス』一九九六年三月号、二六―三三頁)

(3) Crick, F. 1994. *The astonishing hypothesis : The scientific search for the soul*. New York : Charles Scribner's Sons.(中原英臣・佐川峻訳『DNAに魂はあるか：驚異の仮説』講談社、一九九五年) ; Koch, C. & Crick, F. 1999. Why neuroscience may be able to explain consciousness? *Scientific American*, December, 66–68.(松本修文訳「意識は神経科学で説明できる」『日経サイエンス』一九九六年三月号、三四―三五頁)

(4) Leopold, D.A. & Logothetis, N.K. 1996. Activity changes in early visual cortex reflect monkeys percepts during binocular rivalry. *Nature*, **379**, 549–553.

(5) Steinberg, D.L. & Logothetis, N.K. 1997. The role of temporal cortical areas in perceptual organization. *Proceeding of National Academy of Science USA*, **94**, 3408-3413.

(6) Koch, C. & Crick, F. 1999. Some thought on consciousness and neuroscience. In M.S. Gazzaniga (Ed.) *The new cognitive neurosciences*. Cambridge : The MIT Press. pp. 1285-1994.

(7) Gray, C.M., Konig, P., Engel, A.K. & Singer, W. 1989. Oscillatory responses in cat visual cortex exhibit inter-columnar synchronization which reflects global stimulus properties. *Nature*, **338**, 334-337.

(8) 脳の神経ネットワークによる情報表現については、櫻井芳雄『ニューロンから心をさぐる』（岩波書店、一九九八年）を参考にした。優れた入門書である。

(9) Damasio, A.R. 1999. How the brain creates the mind. *Scientific American*, December.（丸山敬訳「意識の正体はつかめるか」『日経サイエンス』二〇〇〇年一月号、八四–八九頁）

(10) 矢沢サイエンスオフィス編『最新脳科学』（学習研究社、一九九七年）所収のヒューベルへのインタビュー記事「トップダウンでは意識の謎は解けない」による。

(11) Dennett, D.C. 1991. *Consciousness explained*. Boston, M.A. : Little, Brown & Co.（山口泰司訳『解明される意識』青土社、一九九八年）；Penrose, R. 1997. *The large, the small and the human mind*. Cambridge : Cambridge University Press.（中村和幸訳『心は量子で語れるか』講談社、一九九八年）；津田一郎『カオス的脳観』サイエンス社、一九九〇年

(12) カオスとはフラクタルなどとともにいわゆる複雑系科学の中心的な概念。一見個々の要素の働きからは想像できない不規則な現象にみえるが、その背後には比較的単純な原理が働いているとみなされる現象。脳の働きも多くの面でこのような特性をもつことが知られている。

(13) 意識研究についての入門書としては、苧阪直行『意識とは何か』（岩波科学ライブラリー、一九九六年）、下條信輔『意識とは何だろうか』（講談社現代新書、一九九九年）がある。なお下條信輔『サブリミナル・マインド』（中公新書、一九九六年）は閾下知覚などの無意識過程について詳しい。翻訳書として最近V・S・ラマチャンドランとS・ブレイクスリーの共著『脳の中の幽霊』（山下篤子訳、角川書店、一九九九年）が出版された。幻肢、幻視、半側空間無視など、本書でもとりあげたテーマが〝おもしろく〟語られており、その序文を担当したオリヴァー・サックスの『妻を帽子とまちがえた男』（高見幸郎ほか訳、晶文社、一九九二年）と同様の作品。一方、こ

れも翻訳書ではあるが、A・R・ダマジオ『生存する脳』（田中三彦訳、講談社、二〇〇〇年）は、意識研究における「身体」の意義を強調した興味深い本である。青野由利『ノーベル賞科学者のアタマの中』（築地書館、一九九九年）は意識研究の動向をわかりやすく紹介している。

人名索引

ブリンクマン（Brinkman,C.） 91
ブレイク（Blake,R.） 164
フロイト（Freud,S.） 138
ブロードベント（Broadbent,D.E.） 187
ペンフィールド（Penfield,W.） 37,39
ボダマー（Bodamer,J.） 62
ボネ（Bonnet,C.） 30
ポンス（Pons,T.P.） 22

マ 行

マクロスキー（McClosky,D.I.） 143
マクロスキー（McCloskey,M.） 189
マルセル（Marcel,A.J.） 145,162
ミッチェル（Mitchell,S.W.） 11
メイアー（Meyer,D.E.） 159
メルザック（Melzack,R.） 17,22
モジルナー（Mogilner,A.） 23
森　悦朗 99,100

ヤ 行

山縣　博 134
山鳥　重 99,100

ラ 行

ラザラス（Lazarus,R.S.） 149
ラマチャンドラン（Ramachandran,V.S.） 18,22
ランス（Lance,J.W.） 32,35,41
リーバー（Reber,A.S.） 185
ルイッキー（Lewicki,P.） 188,189
レルミット（Lhermitte,F.） 64,94,101
ロゴセティス（Logothetis,N.K.） 198
ロバーツ（Roberts,L.） 37
ローランド（Roland,P.E.） 91

ワ 行

ワイスクランツ（Weiskrantz,L.） 106,128,178
ワインシュタイン（Weinstein,J.） 15
ワリントン（Warrington,E.K.） 82,128,129,178
ワルシ（Walsh,K.） 81

事 項 索 引

ア 行

カ 行

サ 行

タ　行

ナ 行

ハ 行

マ 行

ヤ 行

ラ 行

著者紹介

本田 仁視（ほんだ・ひとし）

1948年　福島県生まれ

1978年　東北大学大学院文学研究科博士課程中退

現　在　新潟大学人文学部教授

博士（文学）

著　書　『視覚の謎』（福村出版）

『眼球運動と空間定位』（風間書房）ほか

訳　書　『認知障害者の心の風景』（福村出版）

『認知神経心理学』（共監訳，医学書院）ほか

意識／無意識のサイエンス

2000年9月20日　初版発行

著　者　本田仁視

発行者　福村惇一

発行所　福村出版株式会社

〒113-0033　東京都文京区本郷2-30-7

電話　03-3813-3981

印刷・厚徳社　松栄堂製本

ISBN4-571-21034-5　C3011